José Campot

El misterioso crimen del Hostal Takapu

José Campot

El misterioso crimen del Hostal Takapu

Pastores de almas

JustFiction Edition

Imprint

Cover image: www.ingimage.com

Publisher:
JustFiction! Edition
is a trademark of
International Book Market Service Ltd., member of OmniScriptum Publishing Group
17 Meldrum Street, Beau Bassin 71504, Mauritius
Printed at: see last page
ISBN: 978-620-0-48987-6

EL MISTERIOSO CRIMEN DEL HOSTAL TAKAPU

José E. Campot

AVISO AL LECTOR:

Lo narrado en esta obra no habrá de ser tomado como hechos sucedidos efectivamente. La mayoría de los personajes son fruto de la imaginación del autor sobre la base de acontecimientos reales o de interpretaciones de hechos sucedidos.

Bajo ningún concepto se podrá tomar como reales los hechos ni las afirmaciones atribuidas a los distintos personajes en el transcurso del texto, ya que se podría tratar de una caprichosa combinación de hechos reales e imaginados en locaciones reales o imaginadas, en relaciones temporales reales o imaginadas.

Se incluye al final un pequeño glosario de términos para ayudar a la comprensión de ciertas expresiones rapanuí del texto.

I

- La Isla de Pascua, Rapa Nui, Mate Ki Te Rangi, Te Pito O Henua, Eastern Island, Isla Grande o como sea que se quiera llamar es un lugar único. Todos los lugares son únicos pero este es único, único.

Así expresaba Uni Karapu su definición sobre su lugar de nacimiento. El fuerte y un poco obeso policía era integrante de la Brigada de Investigación Criminal Isla de Pascua dependiente de la Policía de Investigaciones chilena conocida como PDI. Por su origen y lugar de vida, era un policía Rapanuí, no policía chileno. Porque debido a una importante segregación, un rapanuí podía ser integrante de la PDI pero solamente en la Isla. Nunca podría trabajar en el continente, aunque esta fuera una ley no escrita. – "...cosas de la organización política", gustaba de decir Uni Karapu.

La vida de Uni en su isla pasaba sin grandes sobresaltos, ya que en su calidad de Oficial de investigaciones criminales solamente se encargaba de los casos más delicados, dejando los problemas comunes de pocos hurtos o riñas familiares para los uniformados del Cuerpo de Carabineros de Chile. Por eso, en cierta forma se sintió contento cuando le comunicaron que había un caso complicado en el Hostal Takapu.

El Takapu es un bonito hostal como hay cientos en Rapanuí. Un poco alejado del centro poblado en Hanga Roa, lo que le da la virtud de que permite un descanso más silencioso y sobre todo una observación del cielo nocturno como no hay en el mundo.

Cuando Uni fue sacado de una de sus tareas habituales en el aeropuerto de Hanga Roa por el llamado de su oficina, estaba a punto de disfrutar un *latte* frío en compañía de Eva Toponi, la bonita joven que atiende uno de los puestos de artesanías. La contrariedad que sintió se expresó en su cara redonda. Su nariz achatada de rapanuí sufrió un ensanchamiento extra debido a la expresión. Eso causó la risa fresca de Eva aunque a Uni no le hizo ninguna gracia. Tomó su vehículo de tracción múltiple y secándose el sudor de la frente con un pañuelo multicolor condujo hasta la oficina en la calle Mataveri para confirmar la información.

El agente que estaba de guardia en la estación le dijo que habían llamado del Takapu y que requerían su presencia.

- Pero...me has dicho que era un caso complicado.
- ¡Es que la Doña Tesa estaba muy nerviosa!
- ¿Y porque la Doña Tesa está nerviosa me pones a mí en este estado? ¿De dónde sacaste lo de la situación complicada?
- Bueno...ella me lo dijo.
- ¿Ella te lo dijo? ¿Y desde cuándo la Doña Tesa es quién para calificar un asunto policíaco? Dijo el gordo y salió dando un portazo, dejando al pobre cadete temblando de miedo a que regresara con su imponente porte, aunque en realidad soamente medía poco más de un metro con setenta centímetros. Pero la fortaleza de su cuerpo macizo era impresionante.

Uni conocía a Tesa Pagalau. Era una mujer de unos cuarenta años, bonita, hija de madre rapanuí y un marinero pescador español. Tenía un porte y una actitud distante, como de nobleza. Siempre decía que su padre había sido un Conde español que había tenido que enbarcarse en un pesquero huyendo de una situación política. Por parte de su mamá efectivamente tenía sangre noble, ya que descendía (como más o menos la totalidad de los habitantes de la isla) de un Ariki. Tesa había sido compañera de colegio de Uni y siempre le había parecido que ella estaba convencida de esa historia. Y seguramente eso le había sido de utilidad para forjarse la vida que hoy tenía. Actualmente, a pesar de haber sido criada en la casi pobreza, poseía ese hostal que constaba de ocho cabañas, un salón comedor y dependencias de servicio, además de su casa particular con todas las comodidades y dos vehículos todo terreno. Todo eso en un predio muy grande que además servía para criar algunas cabras que producían leche y Don Kali, tío de Tesa transformaba en exquisitos quesos.

Uni sabía que la explicación de esa buena posición provenía del casamiento de Tesa a los veinte años con un alemán de sesenta que se enamoró enloquecidamente de ella. La belleza de la pascuense lo había deslumbrado y no cejó hasta que obtuvo el permiso de la madre para poder verla en la casa.

El alemán, llamado Johann Schneeberger, era un paleontólogo que había llegado a la isla por motivos profesionales, ya que se especializaba en paleo-bio-geografía. Al conocer a Tesa, se había enamorado y ella le tenía mucho cariño, ya que el hombre era una persona muy afectuosa, de buenos modales y la trataba como una princesa, lo que a Tesa le parecía natural.

Se habían casado al estilo pascuense en la primavera. El Hanga Tuai se realizó con todos los detalles de la usanza ancestral. El traje de Tesa era de plumas y mahute. Estaba adornada y pintada tal como lo hacían los antepasados, lo que destacaba su belleza.

Johann había vestido un hami, su rostro y cuerpo fueron adornados con pintura de kiea.

Uni aún recordaba lo bella que estaba Tesa aquel día. Había sido uno de los invitados que tuvo la oportunidad de adornarse como los novios. La ceremonia se había desarrollado en la zona de Tahai, cerca de donde Tesa ahora tiene su hostal. En ese lugar existen tres plataformas restauradas y es el sitio de una de las aldeas originarias de Rapa Nuí. La hora del atardecer elegida para la ceremonia había sido perfecta, ya que la luminosidad a esa hora casi permitía ver a los Varúas bailando alrededor de los novios.

Tesa se había retirado con las mujeres ataviadas a la usanza ancestral a la cueva a la orilla del mar llamada Ana Otai para que ella terminara de arreglar su atuendo y pinturas. Los hombres habían acompañado a Johann a un lugar cercano al mar para los mismos propósitos.

Luego, a la señal del Coro ambos grupos se dirigieron cantando canciones rapanuí a las cercanías de la plataforma donde se encuentra un solo moái con ojos blancos.

Allí la ceremonia había sido completa, finalizando con la "firma" de un mahute con las palmas de las manos pintadas con kiea, lo que sería su certificado de matrimonio según las tradiciones rapanuí.

Luego habían bailado danzas ancestrales de guerra y los novios bailaron la danza del amor. Después se habían trasladado todos en procesión hacia otro lugar en donde se estaba cocinando desde cuatro horas antes, un Umu Tahu que todos habían saboreado como ofrenda de los novios a los espíritus del lugar.

Uni sabía que en esa fiesta había besado por primera vez a Kata Kare, quien luego fuera su esposa pero no quería recordarlo.

La vida en común de Tesa y Johann había sido placentera para ambos. Habían tenido un hijo casi enseguida del matrimonio, al que llamaron como su padre en el primer nombre y como su abuelo materno de segundo, Johann Kalani.

Johann hijo, que a la fecha contaba con veinte años, estaba ahora estudiando lenguas en la Universidad de Hamburgo en Alemania, gracias a un fideicomiso que dejara su padre a esos efectos. Tesa veía por los ojos de su hijo y era su mayor tesoro. Había quedado viuda hacía unos cinco o seis años, ya que su marido sufriera de Parkinson los últimos años y esa enfermedad lo había matado finalmente.

Entre las previsiones que había tenido Johann Schneeberger era haber comprado el predio y construido la posada. Tesa se encargó de su administración y lo hacía con talento y el alemán manejaba las relaciones públicas y el trato con la mayoría de huéspedes europeos que habían llegado por referencias de otros, en el origen amigos de él.

La zona donde estaba instalado el hostal era próxima a Tahai, uno de los lugares donde se agrupaban varios Moaís en sendas plataformas y donde se puede ver el único que tiene ojos blancos. Construído entre hermosas arboledas y con acceso a la costa directamente desde el predio, caminando unos cien metros. Esto le daba al establecimiento la ventaja competitiva de poder observar los mejores atardeceres de la isla, lo que era muy apreciado por los huéspedes. Tesa además había implementado lo que ella llamaba "cesta del amor", que consistía de una canasta conteniendo un mantel, una botella de vino y dos copas para acercarse a la costa y disfrutar convenientemente de los atardeceres.

Al llegar a Tahai, Uni dejó de lado los pensamientos y se enfocó en las verificaciones policiales que debía realizar.

II

La entrada del hostal estaba ocupada por la ambulancia del hospital. Al estacionar su vehículo en un costado del camino, Uni observó movimiento de personas en el interior del amplio jardín delantero. Al descender del vehículo vio a Tesa que hablaba con el médico, o quien él supuso que era el médico por su aspecto y uniforme. Uno de los problemas de la isla era la atención médica a pesar de contar con un hospital moderno. El personal técnico y sobre todo los especialistas no querían vivir en la Isla.

No conocía al médico por ese recambio permanente de profesionales. Le pareció muy joven y deseó que fuera bueno en lo suyo, se enamorara de una chica rapanuí y se quedara a vivir allí.

- Iorana Tesa. Saludó cuando se acercó al dúo.

- ¡Uni! ¡Iorana! qué bueno que pudiste venir rápido. Ha sido una desgracia muy grande. No sé qué pasó. Él es el Doctor Petres. Recién llegado a Rapanuí y ya se encuentra con esto.

- Mucho gusto, Doctor. ¿Me pueden informar lo que saben? Habló a los dos teniendo en cuenta la cara de sorpresa y un poco de susto que mostraba el galeno.

Quien tomó la palabra fue Tesa.

- No sabemos qué pasó. Cuando Beatriz fue a limpiar el cuarto de la niña la encontró caída en el baño. Muerta.

- Despacio. ¿Quién es la muerta? Doctor: ¿usted corroboró el deceso? Por favor, vamos por partes y tratemos de ser ordenados. ¿Dónde está el cuerpo? No lo movieron, ¿verdad?

- Bueno, si. Un poco. Respondió el médico con más cara de miedo.

- ¿¡Cómo que lo movieron!? Dijo Uni mirando a ambos con furia y levantando el volumen de su grave voz.

- La movimos para comprobar si vivía. Dijo Petres al borde del pánico.

- Bueno. espero que no hayan tocado nada más. Vamos a ver el lugar del hecho.

Diciendo esto, se dirigió hacia donde se veía a la empleada del Hostal llorando abrazada a una mujer rubia de aproximados treinta y cinco años, que parecía ser una huésped. Antes de llegar se detuvo y esperó a Tesa a quien le pidió que primero fueran a la oficina para tener los datos de la muerta.

Se dirigieron entonces a la casa de Tesa dentro del predio, donde ella llevaba la administración del Hostal. El médico los seguía a dos pasos con aspecto de niño al que sus mayores no dejan participar de la conversación.

- ¿Tienes los datos completos? Preguntó Uni al entrar a la casa.
- Si. Como siempre. Cuando puedo escaneo los pasaportes pero en este caso no pude porque no estaba aquí cuando ella llegó. Solamente tengo el nombre, edad y nacionalidad que es lo mínimo exigido.

Mientras decía esto, buscaba el libro de ingresos sobre un escritorio un poco desordenado y con muchos papeles sueltos, la mayoría impresos de reservas de alojamiento. El Hostal de Tesa era de los que casi siempre mantenían buena ocupación.

- María Celia Gutiérrez Pena, argentina, 28 años de edad -leyó cuando encontró el libro- Ingresó sola el domingo cuatro a las diez para la una. La recibió Beatriz y la alojó en la cabaña número cinco, como estaba previsto. Había reservado a través de internet y debo tener su dirección de correo electrónico en la computadora. Si esperas un minuto te la doy también.

Mientras Tesa hablaba, Uni iba anotando la información en una libreta chica con el logo de la PDI repujado en la tapa. El Dr. Petres observaba callado desde el umbral de la puerta.

- Mira, el correo electrónico de la niña es maricelia.gutierrez@argemail.com y no tuvimos ningún intercambio más que la confirmación de la reserva. A veces los huéspedes quieren saber más detalles y nos comunicamos bastante antes de su llegada. Ella no pidió ni el traslado desde el aeropuerto. Llegó en el taxi de Don Cheveste, según me dijo Beatriz. Ya pagó alojamiento por diez días.

- Bien. Muchas gracias Tesa –dijo Uni terminando de anotar en su libreta- ¡Vamos a ver el cuerpo, doctor! – casi gritó sorprendiendo al nervioso galeno.

Salió al jardín seguido por el médico que trataba de integrarse a la situación pensando en hacer bien su papel.

Beatriz y la huésped se habían ubicado en el local que hacía las veces de comedor y sala de estar, con grandes ventanales al jardín y comodidades para que los alojados en el hostal pudieran relajarse con un libro, jugar juegos de mesa o ver televisión, sobre todo en los días de lluvia.

Uni se dirigió hacia allí y encaró a Beatriz, a quien conocía por ser hija de una prima de su ex esposa. Pensó que era una ventaja para su trabajo que los pocos habitantes estables de Rapanuí estuvieran todos más o menos emparentados.

- Iorana Beatriz. Te tocó un momento feo….
- Iorana Uni. Si. Nunca pensé pasar por esto. Fue horrible. Estaba tan muertita que me asusté mucho.
- ¿Cómo supiste que estaba muerta?
- La vi muy pálida y no respiraba. La toqué con el pie y no respondió. Se había caído en el baño. Posiblemente se estaba cepillando los dientes porque tenía espuma en la boca y el cepillo caído cerca de ella.
- ¿Doctor?, dijo Uni encarando al médico.
- ¿Si?
- ¡Cómo que "¿si?"! ¿Usted qué vió cuando llegó? Eso le pregunto.

El médico se sintió totalmente estúpido pero se dijo que él era el especialista en gente viva o muerta y debía hacer una declaración correcta, a pesar del miedo que le inspiraba esa bestia rapanuí con placa de policía.

- Cuando llegué la joven estaba caída en decúbito-lateral. Presentaba un golpe en la zona parietal izquierda al parecer por la caída. La espuma de la boca efectivamente es pasta de dientes y si, el cepillo estaba caído cerca de ella.

- ¿Confirmó la muerte? ¿Qué tiempo estima?

- Confirmé la muerte mediante ausencia de pulsaciones y no detección de latidos cardíacos mediante instrumento adecuado. La hora de la muerte parece haber sido alrededor de las siete de la mañana. Dijo todo esto tratando de impresionar a Uni, aunque el policía no pareció notarlo ni darle importancia, ya que estaba mirando hacia el jardín, observando cómo los dos perros de Tesa corrían detrás de una pelota.

- Ella se levantaba temprano y caminaba por el Tahai, intercedió Beatriz.

- Bien, dijo Uni mirando su reloj. Está certificadamente muerta desde hace cuatro horas.

Luego siguió interrogando a Beatriz para confirmar los datos de llegada y demás que le había dado Tesa. Una vez terminado esto, le pidió al médico que lo acompañara a ver el cadáver. Lo hizo con tanta caballerosidad que una vez más asombró al doctor y lo hizo poner otra vez nervioso. Se dirigieron hacia el bungalow número cinco, donde la puerta estaba cerrada con llave por orden de Tesa. Beatriz iba con la llave en la mano caminando delante y Uni no pudo evitar pensar que la chica, de unos veinte años, tenía unas generosas caderas que sabía mover cadenciosamente al caminar. Ese espectáculo lo distrajo durante los veinte metros hasta el alojamiento. El médico parecía estar muy preocupado como para disfrutar de la belleza que tenían delante.

Beatriz abrió la puerta y se mantuvo en el porche sin entrar, mientras que Uni y el doctor sí lo hicieron, dirigiéndose al baño. Allí estaba la chica argentina en la posición que había descrito tan certeramente el Dr. Petres. El investigador se agachó para ver de cerca el cadáver y observó la espuma que había salido por la boca entreabierta.

Vio una bonita mujer joven, de cabello lacio negro cortado en melena corta y que estaba un poco alborotado, como si aún no se hubiese peinado luego del sueño nocturno. Estaba vestida con un pijama compuesto de bata y pantalón largo, que a Uni se le antojó un poco masculino, aunque los motivos que adornaban la tela eran ositos de peluche pequeñitos de color beige sobre el fondo celeste.

La cabeza estaba un poco dislocada hacia la derecha y se veía la herida que había mencionado el doctor. La sangre en el borde de la ducha evidenciaba el golpe, posiblemente al caer.

Uni ordenó la información que tenía hasta ahora y pensó que deberían llevar el cadáver a la morgue lo antes posible para que el médico –si es que podía hacerlo- comenzara las tareas forenses. De no poder hacerlo él, debería llamar a la capital en el conti para que enviaran un Médico Forense Judicial. En la Isla los médicos que estaban en el hospital asistían a la Justicia en estos casos pero este médico en particular era tan joven y evidentemente inexperto, que Uni pensó que debería hablar de ese asunto con el Juez Palakari y que él decidiera.

- Doctor, ¿usted se siente seguro para realizar una autopsia? Quiero decir, si lo ha hecho antes.

- No. nunca tuve experiencia forense. Realmente no. Pero si es necesario, creo que podría hacerlo.

- Veremos qué dice el Juez Palakari. ¿Le parece bien?

- Perfecto. Gracias – dijo Petres, que en ese momento pensó que no le caía tan mal el policía, después de todo.

Acto seguido, Uni se puso de pie y mientras llamaba desde su teléfono celular al Juez para imponerlo de la situación, recorrió lentamente la habitación sin tocar los bienes de la muerta, que estaban perfectamente ordenados en los cajones de la cómoda y colgados en el armario. La valija estaba vacía y una mochila pequeña contenía algunas cosas livianas. La cama casi no estaba destendida, lo que daba la impresión de que la chica había dormido tranquilamente y era muy ordenada.

El Juez dispuso que el cadáver fuera llevado a la morgue del hospital, que se llamara a un Forense del continente y que Uni le mantuviera informado del avance de la investigación.

El policía salió al porche y nuevamente tuvo a la vista las caderas de Beatriz que estaba de espaldas a la puerta, relajadamente apoyada en una de las columnas y para disfrute del urso isleño quedaba a contraluz, lo que aumentaba la belleza del paisaje. Pensó que esa niña pronto tendría otro hijo, porque era difícil que ese cuerpo estuviera en paz.

Trató de dejar de lado esos pensamientos y llamó con su celular al chofer de la ambulancia para que ingresara hasta el bungalow a buscar el cadáver y hacer el traslado. Luego informó al médico de la desición del Juez, lo que pareció tranquilizar a Petres.

Mientras llegaba la ambulancia, el policía tomó fotos del cadáver y del baño con su cámara digital, que siempre llevaba en un estuche al cinto. A Uni le gustaba obtener imágenes de flores y atardeceres. Ese era uno de los *hobbies* del grandote que casi nadie conocía.

Se dedicó a hacer inventario y tomar fotografías de la habitación y las pertenencias de la argentina.

Dentro de la pequeña caja fuerte de la habitación –que estaba abierta- encontró el Pasaporte, reserva de vuelo para el regreso a Santiago de Chile con conexión a Buenos Aires para tres días después, dinero chileno y Dólares estadounidenses, además de una sóla tarjeta de crédito expedida por un banco argentino. También vió sobre la mesita de luz un rosario de pétalos de rosas y una edición pequeña del Nuevo Testamento. Por lo demás, no encontró nada que llamara su atención. En un *neceser* la chica tenía algunos analgésicos, cremas para manos y un *blíster* de un medicamento usado como inductor del sueño al que le faltaba sólo una pastilla.

Cuando escuchó el motor de la ambulancia cerca de la puerta, dejó que el médico y su ayudante hicieran su trabajo y se llevaran el cadáver. Él ya había obtenido fotografías desde todos los ángulos, que estudiaría posteriormente. En ese momento solamente le interesaba que lo dejaran para relevar todo el cuarto en forma concienzuda, como sabía hacerlo.

Al quedar nuevamente sólo, comenzó por el baño. El ambiente no era muy grande pero las dimensiones de un metro y medio por dos y medio daban espacio suficiente para la instalación de ducha, inodoro, bidé y lavabo. Además había una especie de botiquín con espejo. Luego de ponerse los guantes nuevamente, abrió el botiquín para comprobar que en su interior solamente había un rollo de hilo dental. Siguió inspeccionando la papelera al lado del inodoro, ya que por tener un sistema de fosa séptica, se pedía a los huéspedes que no tiraran papeles o toallas íntimas al servicio y sí lo hicieran en ese recipiente que era retirado diariamente por Beatriz. Solamente encontró en su interior algunos trozos de papel higiénico y el papel de una goma de mascar de marca vendida en Argentina.

La mancha de sangre en el borde de la entrada de la ducha era la única presente y a pesar de haber observado que era el lugar donde estaba la cabeza de la chica, obtuvo una muestra con un hisopo y la guardó en una bolsa cerrada pensando en determinar el Grupo y Rh al que pertenecía. Asimismo guardó en otra bolsa el cepillo de dientes con restos de dentífrico y saliva.

De la ducha obtuvo varios pelos que también guardó. Sabía que probablemente no fueran necesarios pero el levantamiento de pruebas era crucial que se hiciera en ese momento. Si luego no se usaban, no era problema. Lo peor era después lamentarse por no tenerlas.

Al pasar al dormitorio realizó un relevamiento basado en el método concéntrico. Comenzó por las paredes y fue cerrando el círculo hasta llegar a la cama. En cada aro imaginario que inspeccionaba conservaba todo indicio que le pareciera útil. No vio nada llamativo ya que estaba todo muy ordenado. Debajo de la cama no encontró más que algunas pelusas, lo que solamente denotaban un trabajo deficiente de Beatriz.

En el closet estaban algunas ropas colgadas en perchas y hasta parecía que estuviesen ordenadas por tamaño. En la cómoda se había colocado la ropa interior y algunas poleras y camisas dobladas perfectamente. Aparte de las ropas, en el closet encontró un par de zapatillas deportivas y un par de botines de cuero, colocadas en el piso y correctamente alineadas.

La mochila estaba sobre una silla y en su interior encontró un sombrero de tela, una pañoleta, una botella con un poco de agua, una barra de chocolates, el paquete de goma de mascar correspondiente al resto encontrado en el baño, una pequeña navaja suiza, una cámara fotográfica pequeña, unos binoculares de buena óptica, un paquete de pañuelos descartables, un paquete de apósitos protectores íntimos y el DNI argentino, el Documento Nacional de Identidad a nombre de María Celia Gutiérrez Pena, argentina, nacida en Puerto Yeruá, Entre Ríos, el

24 de mayo de 1983, por lo que faltaban casi dos meses para que cumpliera 29 años.

Al inspeccionar el pasaporte que estaba en la caja fuerte, notó que había sido expedido poco tiempo antes y el único viaje que aparecía era el realizado desde Buenos Aires a Santiago de Chile el 4 de marzo de 2012, o sea hacía cuatro días, el mismo día que había viajado a la Isla.

En conclusión, no había nada en la habitación, la documentación o el equipaje de la chica que denotara indicios de muerte violenta. Era triste por la juventud de la niña pero seguramente la autopsia revelaría algún tipo de muerte súbita por un ACV o un aneurisma roto. Uni había hecho un par de cursos de Técnica Forense y recordaba lo letal que puede ser un Accidente Cerebro – Vascular o un aneurisma que "explota". Hasta allí llegaban sus posibilidades de intentar buscar una causa médica.

Terminó colocando todas las pertenencias de la chica dentro de la maleta y luego dentro de una bolsa de nylon grande. Al despedirse, comunicó a Tesa que se llevaba todas las pertenencias y que hasta que él no le diera autorización no utilizara la habitación ni la abriera para nada, especialmente que no se limpiara nada, ya que probablemente el forense querría ver el lugar de la muerte. Ese bungalow seguía siendo "escena de crímen" hasta que se demostrara algo que cambiara esa situación.

Tesa intentó una protesta, a lo que Uni contestó que probablemente no fuese por más de dos días, ya que era muy posible que se determinaran "causas naturales de muerte".

Le pidió la lista de los demás huéspedes y al ver que preveían estar en la isla al menos dos días más, le solicitó que les dijera que pasaría al otro día a interrogarlos para completar esa parte de la investigación, ya que en el momento la mayoría no estaba en la posada.

En realidad Uni creía que se había topado con una muerte natural, sin más complicaciones y lo que estaba pensando era en regresar al aeropuerto a seguir la charla con Eva, que trabajaba hasta las diez de la noche y veía buenas posibilidades de un encuentro cercano, como llamaba él a los encuentros íntimos con compañeras más o menos ocasionales.

Al pasar por su oficina dejaría las muestras biológicas en el refrigerador y las demás cosas en lo que llamaba ostentosamente "sala de pruebas", aunque no era más que el closet de su oficina. Ordenaría al agente de guardia que llamara a la Oficina Forense en Santiago pidiendo la presencia que había sido ordenada por el Juez y que cuidara las pruebas y pasara la consigna a su relevo. Al otro día habría tiempo para interrogar a los demás testigos y terminar el informe.

III

El estado del tiempo en Buenos Aires a inicios de marzo había dado una tregua al calor que se había apoderado de la ciudad durante enero y febrero. Calor y humedad, que a juicio del Padre César eran una combinación muy mala. Pero así era esa ciudad. Mientras se levantaba para hacer sus oraciones matinales antes del desayuno, el joven cura recordó a su amiga María Celia y lo bien que estaría pasando en la Isla de Pascua. Le había llamado la atención que viajara sola pero ella era muy introvertida y tenía pocas amistades. Una de esas excepciones era él mismo, aunque no se podía decir que fuese una amistad profunda.

César Cancejo tenía treinta y tres años y desde hacía cuatro era sacerdote. Su vocación había estado presente desde niño y sus padres respetándola, lo habían enviado a un colegio católico donde cursara primaria y secundaria para entrar al seminario después. Seguramente la profunda fé católica de sus padres influyera en el niño o fuera vocación pura. Nunca se podía saber eso. Era como el misterio del huevo y la gallina.

Los años en el Seminario habían hecho de César un cura dedicado. Además, como consecuencia de su integración a la Compañía de Jesús le había permitido realizar un Doctorado en Sociología Etnográfica. Como Jesuita tenía ciertas libertades que en otras órdenes religiosas no dispondría. Pensaba profundizar su doctorado en Europa en el futuro, ya que estaba postulando a becas que otorgaba la Santa Sede a esos efectos en la Pontificia Universidad Gregoriana.

Mientras tanto, como parte de su formación jesuítica, ocupaba el cargo de Vicario en la Parroquia Santa María en el barrio de Almagro. Además estudiaba los idiomas alemán y chino para ampliar su poliglotía que ya incluía el inglés, francés, portugués y su español materno.

Sus tareas como ayudante del Párroco eran prácticamente las mismas que las de éste, excepto las administrativas. Por lo tanto, además de preparar todo para la misa dominical que era la única que oficiaba el Padre Juan Sebastián, debía oficiar las misas del sábado y la del miércoles dedicada a los enfermos, dar apoyo en la catequesis, administrar los sacramentos de bautismo, confirmación y extremaunción, además de asistir al párroco en los matrimonios, cuando no oficiarlos él mismo. También estaba entre sus obligaciones visitar el hospital y los feligreses enfermos en sus casas, así como asistir a los funerales.

Todas esas tareas las encaraba con alegría y vocación, por lo que no le pesaban. Aunque a veces el tiempo para estudiar le quedara corto, no decía nada al viejo Párroco que solamente se sentaba en su despacho parroquial a atender asuntos administrativos. Su función estaba clara y le gustaba cumplirla.

La casa parroquial era amplia y en ella vivían el párroco, él mismo y un par de seminaristas, además de Doña Josefa que oficiaba de mucama y cocinera. Su habitación era grande y la amplia ventana daba al norte, por lo que estaba bien iluminada, cosa que le gustaba mucho, particularmente para los momentos en que se dedicaba a leer.

Aquella mañana se había despertado especialmente alegre. Había tenido un sueño en el que se veía a si mismo en la Plaza de San Pedro asistiendo al Angelus papal. Ese era uno de sus sueños preferidos, ya que siempre lograba estar todo el día alegre. Sabía que pronto haría realidad ese deseo y si tenía suerte, podría estudiar en Roma, cerca de la Santa Sede y no en otro país europeo.

Una de las aficciones del Padre César era observar aves. Aunque no se podía decir que fuera un ornitólogo experto, conocía bastante de las especies que habitaban la provincia de Buenos Aires, ya que cada vez que ´sus labores sacerdotales se lo permitían emprendía expediciones de observación a los bosques de las afueras de la gran ciudad. En su habitación tenía colgadas de las paredes muchas fotografías de aves en diferentes actividades. La que más le atraía era el *Furnarius rufus* u Hornero común. Esa particular ave de color pardo rojizo, habita en la costa atlántica de América del Sur, en un área que abarca gran parte de Argentina, Uruguay, Paraguay, parte de Bolivia y Ecuador y gran parte de Brasil. Tiene hábitos sedentarios, no migratorios, muy dócil, es mansa y se acerca al hombre, se pasea por sus jardines y sus parques y la característica más especial y que más asombraba al Padre César era su nido, que construye con forma de horno de barro y en muchas ocasiones instala en postes de teléfono, o vecino a embalses y represas.

El Padre César había pasado días fotografiando el progreso de la construcción de un nido por una pareja de Horneros.

Esta afición era compartida con su amiga María Celia y él estaba pensando ahora que ella estaría feliz observando aves en la Isla de Pascua. Lamentó que su amiga no usara un teléfono celular para así poder mediante mensajes de texto saber de sus descubrimientos.

En esos pensamientos sorprendió el inicio de la actividad al joven cura y salió a visitar enfermos al hospital sin saber del destino de su amiga.

IV

Aquella primavera de 2011 se había mostrado especialmente fresca en Buenos Aires. En las oficinas de Monseñor Mantoveni había aire acondicionado, lo que mejoraba el ambiente. En ese lugar el orden era lo primordial. Él no toleraba que las cosas estuvieran desordenadas. No podía ver papeles fuera de lugar, cuadros torcidos o almohadones mal colocados en los sillones. Su manía era muy conocida por todos los concurrentes al Arzobispado y en especial por quienes cumplían tareas administrativas allí. Asimismo, la apariencia jovial del Monseñor era por demás engañosa, ya que era capaz de tomar serias represalias contra quienes contradecían sus nociones de orden.

El Diputado Cortelazzi conocía muy bien a Monseñor y sabía de sus manías. Le producía risa esa característica. Además, en la apariencia del Obispo de sesenta años se manifestaba lo mismo. Gustaba de aparecer siempre inmaculado, con las sotanas impecablemente planchadas. Su despacho era ostentoso, con grandes pinturas de santos en las paredes, mobiliario de roble y pisos de madera lustrada.

Mientras esperaba a ser atendido, el Diputado pensaba en esas cosas y observaba el trajinar de las tres secretarias.

Quien siempre le atendía con más dedicación, una joven bonita, con una belleza casi de virgen, estaba compenetrada en su tarea en el computador. En un momento en que dejó su escritorio y pasó a su lado, lo saludó afectuosamente y dio pie a que pudieran dialogar brevemente.

- ¿Cómo ha estado su vida María Celia? -preguntó a modo de inicio de la charla.

- He estado muy bien, gracias a Dios.

- Siempre tan laboriosa...

- Es la forma que me ha tocado de servir al Señor, Diputado.

- ¿Nunca descansa?

- Estoy deseando salir en mis vacaciones. Pero eso será en marzo próximo y todavía faltan seis meses. Pero espero poder desquitarme convenientemente -dijo la chica con una sonrisa amplia y afable.

En ese momento Monseñor entendió conveniente atenderlo, por lo que rápidamente olvidó a la niña.

- Buenas tardes, Monseñor. ¿Cómo ha pasado?

- Bien, muy bien, Diputado. ¡Adelante! –dijo mientras estiraba la mano para que el otro besara el anillo pastoral.

- Quise llegar más temprano para asegurarme que pudiera atenderme, Monseñor – dijo el político, aunque estaba conciente que esa era una adulación necesaria para hacer sentir mejor al cura.

- No hay problema. Siempre tengo tiempo para los amigos. Especialmente para los que ayudan en la dificil tarea pastoral de hacer llegar a los súbditos del Señor lo que más necesitan.

- ¿Cómo ha estado, Monseñor? ¿Disfrutó del fin de semana? El Diputado sabía que el Obispo había ido a realizar un paseo en yate por la zona del Delta del Tigre, ya que él mismo había hecho los arreglos con su amigo Casales.

- ¡Excelente! El amigo Casales es un muy buen anfitrión. Paseamos varias horas en ese hermoso barco suyo. Realmente estimula a seguir luchando por los pobres esos momentos de relax.

- Si, me imagino, Monseñor. Dijo el parlamentario, mientras recordaba algunas visitas propias al yate del empresario. Aunque seguramente en la visita del obispo el pillo de Casales habría omitido las invitaciones regulares a varias amigas con relajadas costumbres sociales, por decirlo de alguna manera. Una sonrisa afloró a la cara de Cortelazzi mientras recordaba los momentos disfrutados a bordo de la lujosa embarcación. Imaginaba el tedio de Casales pero sería por una fructífera inversión.

- Hasta me permitieron timonear la nave. Muy emocionante, realmente. También debo decir que nuestro amigo es aficionado al buen vino y contaba con varias botellas de excelente Cabernet. Muy disfrutable.

- Me alegra mucho que haya podido pasar bien, Monseñor. ¿Pudieron conversar con Casales sobre nuestro proyecto?

- Solamente tuvimos oportunidad de una pequeña aproximación al tema. Pero creo que no faltará oportunidad para que podamos charlar más tranquilos. Hasta podría invitarlo a una cena en el Obispado y solamente estarìamos nosotros.

- Eso será muy conveniente, Monseñor. Si necesitara de mi asesoramiento u opinión no dude en llamarme.

- Tenga por seguro que así lo haré. Pero creo que hemos dejado en claro todos los detalles entre nosotros, ¿no?

- Por supuesto. Solamente falta que acuerde con Casales. Y creo que no van a surgir problemas.

La mente del parlamentario estaba enfocada solamente en la concresión de esta negociación. En realidad él solamente había participado facilitando el acercamiento entre el religioso y el empresario pero estaba acordado que su participación sería premiada por una buena comisión sobre el negocio.

La idea había surgido de Casales y se la había planteado al legislador en una de las fiestas a bordo del "Negro Jefe", como se llamaba el lujoso yate de su propiedad. El conocimiento de Cortelazzi con el religioso se originaba en la adolescencia, cuando crecían en el barrio de La Paternal. Él mismo había ingresado al Seminario de Villa Devoto llamado por lo que había creído su vocación. Posteriormente no terminó sus estudios sacerdotales y se dedicó a la política, lo que en el inicio sintió como una forma de servicio público. La amistad con el sacerdote había subsistido a través de los años, a pesar de que nunca se hubieran tuteado, ya que ambos entendían que esa práctica desmerecía la dignidad de ambas personas. El hoy Monseñor había logrado realizar una carrera muy interesante en la curia. A su vez, el hoy legislador se había enfocado en tareas políticas y llegado a escalar en los estamentos del Partido hasta lograr una banca de Diputado que mantenía desde hacía tres legislaturas. Todo un logro en la cambiante política argentina.

La idea de Casales le había parecido casi sacrílega en el principio pero poco a poco había ido entendiendo lo genial que era. En especial cuando vio la posibilidad de ganar mucho dinero sin ensuciarse las manos directamente.

El empresario manejaba negocios propios y de algunos socios extranjeros que necesitaban legalizar ciertos montos de dinero que no podían ser presentados ante las autoridades fiscales por su origen espurio. Su idea consistía en que a través de donaciones y otras transacciones ese dinero fuera blanqueado. Pero era necesario que las operaciones se realizaran a alto nivel a fin de evitar problemas. Un obispo era lo ideal para poder dirigir fuertes sumas de dinero. Al saber que el diputado era amigo de Monseñor Mantoveni, el empresario había hecho algunas profundas investigaciones y definido el perfil sicológico del cura con ayuda de una amiga, Licenciada en Psicología que gustaba de participar de sus fiestas. Las averiguaciones arrojaron resultados interesantes en cuanto a la personalidad del obispo. En principio, tenía las características propias de una persona ambiciosa, aunque eso no necesariamente fuera positivo o negativo: necesidad de probar que es capaz de obtener lo que se propone, una constante búsqueda de metas y desafíos cada vez más difíciles, insatisfacción permanente con lo alcanzado, desvalorización de los logros obtenidos, necesidad incontrolable de querer siempre un poco más, deseos imperiosos de vencer a los posibles competidores, condicionar el valor de las personas con el éxito que obtienen y necesidad constante de controlar su entorno material y humano.

Esa descripción que había hecho la psicóloga en su informe, no parecía muy coincidente con la función de un cura católico pero analizado en profundidad, serían características deseables para lograr avances en el sacerdocio. Y de hecho habían logrado que el obispo avanzara mucho en su carrera.

Agregado a esto, había otra condición que era para tener en cuenta a la hora de reclutar al obispo: su gusto por los lujos, por vivir bien, por vestir ropas caras de marcas famosas por debajo de los vestidos sacerdotales y su gusto por la buena comida y bebida. Finalmente su amor por el poder en su mano, fue lo que definió al obispo como candidato ideal.

En la interna católica se habría podido acusar al Obispo de concupiscencia, - un "casi pecado" como recordaba Cortelazzi que se definía la palabreja- si se conocieran sus inclinaciones y amor al poder.

El diputado recordaba aun de sus días de seminarista la frase de las Escrituras: "…la concupiscencia, una vez que ha concebido, da a luz el pecado; y el pecado, cuando ha sido consumado, da a luz la muerte."

Pero el prelado se guardaba muy bien de disimularlo con una apariencia y trato paternal y manifestando profundo amor a los pobres en todas las instancias públicas.

Las informaciones habían sido conseguidas para Casales por un grupo de ex policías que trabajaba para él en esas tareas y en otras no tan pacíficas.

La primera etapa del acercamiento había pasado por convencer al diputado de colaborar. Eso había resultado fácil con un par de fiestas en el yate y un asado en la casa quinta del empresario, donde hubo profusión de chicas menores de edad y el polvo blanco que tanto le gustaba. Una vez que el legislador entendiera lo genial de la idea, había conseguido una entrevista para Casales con el Monseñor. En ese primer encuentro el empresario se había mostrado interesado en colaborar con la misión de la Diócesis y por supuesto se había dedicado a adular al Obispo en todas las formas posibles. El egocentrismo del cura era impresionante. Había mordido el anzuelo cuando pensó que podría conseguir fondos para la construcción de su nuevo comedor privado y el mobiliario de lujo que quería para su propia sala de recepciones privadas. Además podría pasar algunos saldos de dinero a las parroquias pobres, lo que sostendría su imagen.

- Tenga por seguro que el señor Casales es un caballero y va a mantener su promesa -estaba diciendo el Obispo- Su amigo ha resultado un gran hallazgo para nuestra Diócesis.

- Me imagino que si. Y me alegra mucho ser quien haya provocado eso –dijo el legislador, tratando de sentar bases para cobrarle una comisión también al cura.

- Dios se lo pagará, Cortelazzi. No tenga dudas de ello. Tenga un buen día y vaya con el Señor –santificó el Obispo, y con ello dio la despedida al diputado.

V

En Puerto Yeruá, Entre Ríos, las mañanas era apacibles y sin ruidos a no ser los de la naturaleza. Especialmente en el lugar donde vivía Celia Pena.

La pequeña población, de 1500 habitantes, sin calles asfaltadas, sin conexión al gas natural, con una escuela, una comisaría y el puerto venido a menos, sobre las aguas del Río Uruguay y a sólo treinta y cuatro kilómetros al sur de la ciudad de Concordia, era tranquila y serena aún en la época que el turismo se hacía presente. El distanciamiento de unos pocos kilómetros de la Ruta 14 le permitía mantenerse también al margen del bullicio. Sus calles anchas, que recuerdan sus orígenes como antiguo puerto que funcionó desde tiempos pre-coloniales, le dan una historia peculiar a este pueblo costero.

La esforzada mujer de cincuenta y ocho años, desde la muerte de su esposo hacía dos años, se dedicaba a preparar comidas para un creciente número de clientes.

Sus mañanas eran todas iguales. Despertar a las seis y media, rezar su rosario, preparar un mate a modo de desayuno y comenzar con la preparación de las comidas que entregaría siempre antes del mediodía en las casas de sus clientes en los muy limpios recipientes para viandas que le había conseguido su hija en Buenos Aires. Sus clientes eran casi todas personas de edad que vivían solas o señores viudos o solteros que no gustaban de cocinar. Además, la exquisita comida que preparaba Celia y el precio muy conveniente facilitaba las cosas.

Esa mañana del 8 de marzo de 2012 solamente se vio alterada por un sentimiento extraño de Celia. Recordó sorpresivamente a su hija. De pronto le vino a su mente la imagen de su niña. No era que no la recordara a todas horas, solamente que ese día sintió como una sensación de temor asociada a ese pensamiento. María Celia estaba de vacaciones y haría un viaje a Isla de Pascua. Probablemente el saber que se encontraba tan lejos le trajo el pensamiento. Aunque desechando cualquier idea negativa, rezó varios Ave María más por su hija.

Ese día le llevaría -como todos los días- su vianda al Padre Aníbal, quien desde la muerte de la señora Estela que había servido en la casa parroquial más de cuarenta años como cocinera, requería de los servicios de Celia para alimentarse. Naturalmente que ella le había hecho un precio especial al anciano cura, que él se había encargado de transformar en gratuito por el sólo hecho de no pagarle. Celia nunca había reclamado y dejaba eso como una contribución más al Señor. Entonces pensaba aprovechar la ocasión para entrar a la iglesia y rezar. Le gustaba hacer esto cuando estaba nerviosa. Sentía que la paz del recinto se le trasmitía a ella y parecía que lograba una comunicación más directa con Dios.

La Iglesia de San Isidro Labrador era una de las edificaciones más destacadas del pueblo por su antigüedad y belleza. Databa de 1901 cuando se terminó la construcción de piedra asentada en barro. Los hermosos vitrales a los costados del altar daban al templo una luz especial que Celia amaba.

Lamentó que su hija no usara teléfono celular, ya que aunque a un precio muy alto, podría llamarla. Luego de la muerte de su padre, María Celia había insistido en instalar teléfono en la casa para poder estar comunicadas. También lamentó no saber dónde se hospedaría ella en la Isla. Pensó en llamar al Padre César pero luego desechó esa idea para no molestar al sacerdote amigo de su hija.

VI

La llegada de Uni a la Posada Takapu a las siete de la mañana no sorprendió a Beatriz, que sabía que el policía gustaba de levantarse muy temprano, entre otras cosas para obtener fotografías de flores a esa hora.

- Iorana, Beatriz dijo entrando al comedor donde ella estaba preparando las mesas para el desayuno de los huéspedes.
- Iorana, Uni –contestó la chica regalándole una amplia sonrisa.
- ¿Es posible que esté por aquí y espere a los huéspedes para hacerle algunas preguntas?
- Por supuesto, aunque no creo que nadie se levante antes de las nueve de la mañana. Creo que anoche iban a ir todos a la fiesta en el club. Yo fui un rato y vi a algunos en pleno ´ori.
- No hay problema. Mientras tanto puedo repasar las notas y tomar un lindo desayuno que tú me vas a regalar. ¿Verdad? –y la sonrisa de Uni indicaba complicidad y ruego, a lo que Beatriz no iba a negarse y él lo sabía.
- Por supuesto. ¿Sinó para qué somos familia?

Uni se repatingó en uno de los cómodos sillones y sacó su libreta de apuntes. No le vendría mal repasar algunos detalles de los hechos. Complementaría con las declaraciones de los huéspedes y haría su informe a la espera del forense. ¡Listo! Trabajo terminado.

Las entrevistas a los alojados en el hostal no arrojaron novedades, ya que nadie había visto mucho a la chica. Una turista brasileña comentó que la había visto una vez sentada en el jardín leyendo un libro chico, lo que Uni supuso que era la biblia que él había encontrado entre las pertenencias. Otro testigo, un francés de aspecto hippie original –o sea que tendría más de sesenta años, el pelo largo, lentes “a lo John Lennon” y vestimenta acorde- manifestó su amor por la apariencia “angelical” de la muerta y que había hablado con ella unas palabras en el desayuno pero nada interesante para la investigación.

La misma Beatriz tampoco agregó mucho más. La habitación siempre aparecía ordenada, las ropas en su lugar, los zapatos al lado de la cama en perfecta línea. Le había parecido un poco extraño para una niña de esa edad pero no resultó demasiado sorprendente –se ven muchas cosas raras por aquí, había dicho la rapanuí.

Así que Uni se aprestaba a dejar la posada cuando algo le hizo volver a la habitación. Quiso dar una última mirada. Pidió a Beatriz que le abriera pero ésta le entregó la llave porque estaba muy ocupada terminando con la limpieza de los enseres del desayuno.

Al entrar a la habitación no notó nada extraño y estaba tal cual él la dejara. Comenzó a repasar su primera inspección en el mismo órden. Nada diferente a la primera vez. Sin embargo, algo que no había visto llamó su atención al lado de una de las patas de la cama. Una pequeña cruz de plata. Muy pequeña, de no más de un centímetro de largo. Eso le hizo pensar en el rosario y la bilia que había encontrado. Era raro que una joven de esa edad anduviera con esos elementos religiosos pero todo podía ser.

La pequeña cruz estaba reluciente y eso le hizo pensar que sería de María Celia y no que hubiera estado allí desde antes a pesar de la deficiente limpieza de Beatriz. Guardó la nueva evidencia en una bolsa plástica y pasaría a integrar las pertenencias de la argentina, las que posteriormente deberían ser confirmadas por alguien que la conociera. Esos pasos aún no los había iniciado y era lo que haría esa mañana.

Terminó de revisar la habitación y despidiéndose de Beatriz tomó su vehículo y se dirigió hacia su oficina. Al llegar, el agente de guardia lo saludó respetuosamente y le comunicó que desde la capital habían confirmado que el forense llegaría en el último vuelo del día sábado. Eso le daba tiempo a Uni de organizar bien su informe y comenzar con la tarea de ubicar a los familiares de la muerta.

Pensando en eso, decidió que debería comunicarse con la Embajada argentina en Santiago y probablemente para agilizar los trámites hacerlo también con las autoridades policiales de Buenos Aires. Había conocido a un agente de la Policía Federal en un curso que realizara años atrás y aunque no fuese su dependencia directa, podría darle pautas de con quién comunicarse. Así que buscó en su agenda y llamó al Comisario Pedro Sebastiagui. Lo recordaba claramente de su visita a Chile y enseguida se pondría en la tarea de ubicar directamente él a la familia de

María Celia. Ubicaría los datos y comunicaría la mala noticia de acuerdo a las informaciones que Uni le daba. Además era necesario que alguien se hiciera cargo de los trámites para expatriar el cuerpo, por lo que trataría de encontrar a quién pudiera encargarse.

Uni también llamó a la Embajada argentina y realizó las comunicaciones pertinentes a la Cónsul General, quien también se abocaría a la tarea de encontrar familiares que se responsabilizaran de los traslados del cuerpo una vez que las tareas forenses terminaran.

En un par de horas Uni tenía listas sus cuestiones más urgentes y comenzó a redactar su informe al Juez Palakari para hacer las comunicaciones oficiales de rigor.

Al otro día se dedicó a sus cuestiones de rutina, seguro que el caso que tenía entre manos no era más que una muerte accidental o por razones naturales.

Ese sábado el avión llegó en horario a las veintiuna y veinte y allí estaba Uni esperando y tratando de lograr que Eva le diera el sí para salir juntos a cenar.

El Doctor Peraltés ya había estado en la Isla en funciones de forense, en ocasión de la muerte en un accidente náutico de un turista holandés hacía casi tres años pero recordaba a Uni perfectamente, así que al salir de la zona de registro se dirigió a él directamente para saludarlo.

- ¿Cómo está Doctor? se adelantó Uni.

- Muy bien, gracias. un poco cansado por el viaje repentino pero estas cosas hay que hacerlas lo antes posible. ¿No es verdad, Inspector?

- Siempre que sea posible, sí. Ya le hice la reserva en su hotel y si me acompaña lo llevaré directamente para que pueda refrescarse antes de ir a cenar, si es que me permite la invitación.

Uni era un excelente anfitrión y le gustaba aprovechar las pocas oportunidades que tenía para demostrarlo. Además el doctor le caía muy bien y en la visita anterior habían coincidido en gustos culinarios y otros intereses.

- Muy buena idea, Inspector. Tengo un poco de hambre pero más que nada, ganas de comer un rico y fresco pescado rapanuí.

- Entonces iremos a Te Mohana, que tiene siempre muy buena pesca del día. Vamos a su hotel primero.

En el viaje hasta el hotel Uni pensó que hubiera sido mejor hospedar al forense en el propio Hostal Takapu pero Tesa le había dicho que estaba completa y que la única habitación "desaprovechada" era la que él había prohibido usar. Haciendo con esto una clara crítica a su decisión pero era necesario aunque la temperamental mujer se molestara un poco.

Durante la cena Uni puso en antecedentes al médico forense de los detalles conocidos del caso. Luego se dedicaron a conversar sobre jardinería, interés que compartían. Se despidieron en la entrada del hotel a las once y treinta de la noche, con la promesa de Uni de pasar a buscar al médico a las ocho de la mañana siguiente para llevarlo a ver el lugar de la muerte y luego el cuerpo que estaba en la morgue del hospital.

Al comenzar las actividades al otro día, la inspección de la habitación que efectuó el forense fue somera ya que según expresara, Uni había realizado un muy buen trabajo. Solamente inspeccionó en detalle la mancha de sangre y tomó nuevas fotografías con una cámara especial para trabajos forenses. Corroboró que no hubiese restos de sémen u otros fluidos en las sábanas, retiró algunos pelos y muestras de superficie de la cama y dio por terminado su trabajo allí, lo que alegró sobremanera a Tesa que había tenido que derivar huéspedes a otro establecimiento hotelero.

Una vez terminada la tarea en el hostal, se dirigieron al hospital donde los esperaba el Doctor Petres para guiarlos a la morgue.

En ese momento Uni dejó sólos a los dos médicos para que hicieran su trabajo. Petres pidió permiso a Peraltés para ayudarlo y así comenzar a practicar. Al veterano médico le gustó la idea pensando en que si este chico resistía en la Isla, podría evitar futuros viajes urgentes.

Mientras tanto, Uni fue hasta su oficina a buscar las muestras biológicas que él mismo había recogido ya que Peraltés las necesitaría para procesarlas en el moderno y en cierta forma desaprovechado laboratorio del hospital.

Al regresar se encontró con que los médicos se habían trasladado al laboratorio para hacer una comprobación de urgencia. A Peraltés le llamó la atención la situación de algunos músculos y necesitó confirmar una sospecha. Eso le fue comunicado por la asistente de laboratorio Anita Toponi que había sido excluída de la tarea porque Petres ayudaba al santiaguino.

La espera no fue muy larga y cuando salió Peraltés del laboratorio Uni vió en su cara que algo no estaba bien. O al menos que no estaba en lo que *a priori* él había previsto.

VII

La llamada había llegado a la centralita de las oficinas del Obispo a las trece y cuarenta minutos del viernes 9 de marzo, mientras el personal estaba almorzando. Entre la una y las dos de la tarde las llamadas entrantes sonaban en la portería, por lo que un empleado sustituto de la empresa de seguridad contratada, solamente anotó que habían llamado de la Cancillería. Cuando Anabel retomó su puesto en la secretaría del Obispo se dedicó a sus tareas habituales y algunas que correspondían a Celia, su compañera de vacaciones. Cuando a las cinco de la tarde se retiraba, el portero recordó el mensaje y se lo dio, ella decidió que no debería ser algo urgente, por lo que dejó el asunto para después del fin de semana.

Cuando regresó el lunes a las 9, retomó sus tareas y la mañana estuvo muy ajetreada, ya que a Monseñor le preocupaba la organización de una de las habituales cenas de viernes con una persona muy importante. Y como era ya costumbre, no deseaba que estuviese presente personal del Obispado. Se deberían contratar servicios externos para atenderlos. Anabel pasó toda la mañana tratando de ubicar un buen servicio de banquetes, ya que por algún motivo oculto que le ponía los nervios de punta, Monseñor no deseaba utilizar ninguno de los acostumbrados. Ese tipo de pedidos especiales del Obispo eran poco habituales pero esperables y no sorprendían pero enloquecían a la muchacha que llevaba ya cuatro años trabajando en la secretaría de Monseñor Mantoveni.

Cuando su compañera Cecilia le comentó de la llamada de Cancillería Anabel no quiso que ella se comunicara, ya que el Obispo era muy celoso de ese tipo de comunicaciones y Cecilia era la más nueva en el equipo. Si estuviera presente María Celia sería ella quien se encargara de esas cuestiones y en su ausencia Anabel asumía sus tareas. Así que lo anotó en su agenda pensando en comunicarse en la tarde después del almuerzo. "Si fuera algo realmente urgente volverán a llamar ellos", pensó.

A las trece y quince minutos nuevamente se recibió una llamada de Cancillería en la portería. Anabel regresó de su hora de almuerzo a las catorce y cinco, justo a tiempo para recibir al representante del servicio de banquetes que presentaría su empresa para evaluación a las catorce y quince. Así que la llamada a Cancillería quedó postergada hasta que terminó esa reunión.

Cuando devolvió la llamada, la persona que se había comunicado ya se había retirado y con quien habló no sabía nada de ningún asunto con Monseñor Mantoveni. Por lo tanto, Anabel decidió esperar que se comunicaran nuevamente. "Esa gente de Relaciones exteriores siempre asumen ser el ombligo del mundo" se le ocurrió pensar. Y en forma automática imaginó a su compañera María Celia, quien realmente estaba en el "ombligo del mundo". Ese pensamiento le dibujó una sonrisa, la que desapareció cuando Monseñor la llamó para dictarle una nota urgente.

Estimado señor Casales: estaré orgulloso de recibirlo el próximo viernes a las 21 horas en la sede del Obispado para una cena privada.
Le saluda en el Señor
Obispo Paolo Mantoveni

De acuerdo a las precisas instrucciones del prelado, la nota debía ser enviada mediante mensajero personal a las oficinas del empresario Francisco Casales en Puerto Madero inmediatamente. Esto se había repetido varias veces en los últimos meses. Cada vez que el Obispo invitaba a ese señor, le enviaba una nota privada con un texto similar. Anabel había visto a María Celia redactarlas y no entendía por qué la formalidad ya que al parecer las reuniones entre ellos eran bastante frecuentes. Pero no era su tarea entender a Monseñor, sino cumplir sus deseos, por lo tanto, esa fue su prioridad en ese momento. Luego continuó con los preparativos de la importante cena.

VIII

Los resultados de los análisis no eran concluyentes pero claramente marcaban una línea de acción muy diferente a la de ese momento. El Doctor Peraltés le comunicó a Uni que según esos análisis preliminares, la causa de la muerte de María Celia habría sido envenenamiento por toxina botulínica. Debería hacer análisis complementarios que no era posible realizar en el hospital de Hanga Roa. Al haber podido contar con ratones de laboratorio -que un equipo francés de biólogos marinos mantenía en el laboratorio por sus estudios con bio toxinas marinas- pudo realizar pruebas biológicas casi concluyentes. Los ratones habían muerto a la inyección de dosis mínimas de sangre de María Celia con los síntomas claros de muerte botulínica.

- ¿Cómo sucedió eso doctor? ¿Por ingestión de algún enlatado malo? Uni conocía algo de toxicología de sus cursos de técnica forense policial.

- Habrá que investigarlo, Inspector. Ese es un trabajo que tendremos que hacer juntos. Aunque *a priori* me inclino a pensar que si hubiese sido una intoxicación alimentaria, por fuerte que fuese, la niña habría tenido tiempo de pedir ayuda. Esto fue muy rápido y fulminante. Debemos buscar muy bien.

- Entre sus cosas no había evidencia de haber comido enlatados. Voy a interrogar a la gente del hostal nuevamente para saber si alguien la vio comiendo algo.

Una vez conocida la posible causa de muerte, cambió totalmente la actitud de Uni frente a la investigación. De lo relajado que se encontraba cuando pensaba que tenía un caso de muerte por causas naturales, se transformó en un torbellino de ideas y acciones. Comenzó por llamar al Hostal para que nadie saliera de allí a partir de ese momento. Luego ordenó a sus subalternos que se dirigieran al Takapu y comenzaran los interrogatorios. Coordinó con el doctor Peraltés sobre qué indicios sería necesario buscar. Ayudó al médico a comunicarse con laboratorios de Santiago a fin de arreglar el envío de muestras y coordinó con la agencia de la compañía aérea en la Isla para que eso se realizara en el vuelo siguiente.

Mientras tanto, en la conversación con Peraltés tomó conocimiento de algunos detalles más del mecanismo de acción de la toxina.

- Mire Uni, si efectivamente como sospecho se trató de toxina botulínica, debe haber sido administrada en una dosis muy grande para que el efecto haya sido tan fulminante. Esta toxina se usa en cosmética en dosis "micro mínimas" para alisar arrugas de la piel. Pero por ejemplo, la DL 50 con inyección intraperitoneal en ratones es de aproximadamente 1 nanogramo y eso es la milmillonésima parte de un gramo.

Uni tenía alguna idea por los cursos que había hecho y conocía que DL50 era la dosis que mata a la mitad de los ratones inoculados pero imaginarse la milmillonésima parte de un gramo era difícil.

- ¿Y cuál será la dosis necesaria para matar un ser humano?
- En realidad no se conoce exactamente pero extrapolando la dosis en ratones, se podría pensar que para matar una persona de 70 kilos se necesitarían unos 70 microgramos por vía oral. Y eso sigue siendo muy poco.

Se pusieron de acuerdo y el Doctor Petres llevaría las muestras al aeropuerto mientras que Peraltés terminaba la autopsia y Uni se dirigía al Hostal Takapu a dirigir las investigaciones policiales.

Al llegar al hostal, sus hombres ya habían interrogado a casi todos los huéspedes y personal. Le informaron de sus resultados: nadie había visto a María Celia ingerir alimentos enlatados; una muchacha alemana había conversado con ella brevemente al encontrarla en el jardín y le había parecido una chica muy sana, que le comentó que le gustaba mucho comer pescado, frutas y verduras; también había comentado que estuvieron hablando de religión, ya que ella le había preguntado por la hermosa Biblia que estaba leyendo. Los demás interrogados o no la habían visto nunca o no declaraban nada interesante.

Uni decidió llamar a su amigo de la Policía Federal argentina para saber si había adelantado algo, ya que el canal de comunicaciones oficiales era muy lento y él lo sabía. Por ser domingo le llamó al número de celular que le había dado el argentino. El Comisario Sebastiagui le comentó que sus intentos por contactar directamente a la madre en su domicilio de Puerto Yeruá habían sido infructuosos. El número telefónico del que disponía no contestaba. Como suponía que la mujer probablemente estuviera fuera de la casa, intentaría llamarla a la noche. Por otro lado, le comentó que el Ministerio de Relaciones Exteriores por pedido de la Cónsul argentina en Santiago, contactaría con el lugar de trabajo de la chica en la Vicaría de la Recoleta. Lo que no sabía el policía era que esa comunicación nunca se concretaría efectivamente.

La mente de Uni estaba totalmente ocupada por el caso y lo que más le preocupaba era confirmar que los familiares o empleadores estuvieran enterados del asunto.

Cuando supo que la niña trabajaba como secretaria de un Obispo en la Vicaría, le cerró el asunto de la Biblia y el rosario entre sus pertenencias. Seguramente era una practicante devota, además de empleada. Lo referente a la religión católica estaba bastante fuera del conocimiento del policía rapanuí, ya que él no practicaba ninguna fé. Más bien tendía a aceptar las creencias de su pueblo por formación, aunque tampoco era practicante de ningún rito. Todo lo que implicara creer ciegamente en algo no tangible iba en contra de su naturaleza. Si no era probable, entraba en el campo de lo investigable hasta que hubiese evidencias absolutas de prueba. Así funcionaba su mente y eso le hacía un excelente policía, a pesar de que en la Isla no pudiera poner en práctica sus aptitudes.

El caso se comenzaba a delinear como algo complicado, ya que la evidencia de causa de muerte era segura y no aparecían sospechas de accidente alimentario ni sospechosos con capacidad para utilizar esa toxina. Eso sí que era impensable en la Isla.

De camino a su oficina comenzó a repasar lo que sabía del caso y al llegar fue directamente a su "armario de evidencias". Revisó uno a uno los elementos encontrados en la habitación de la chica y no halló nada sospechoso. Al guardar nuevamente los elementos pensando en verlos luego con el Dr. Peraltés, llamó su atención el *blíster* de comprimidos inductores de sueño, al que le faltaba una píldora. Se le ocurrió que esa podía ser la única ingestión no alimenticia que había tenido la chica antes de morir. Con esa prueba y muchas dudas, se dirigió al hospital al encuentro del forense.

Lo encontró discutiendo con Petres sobre la importancia de los análisis sanguíneos en un caso de suicidio. La experiencia de Peraltés indicaba que muchos suicidas ingieren sustancias estimulantes antes de realizar el acto y Petres defendía la posición de que el aspecto psicológico era lo que primaba en esas decisiones. La llegada del policía fue oportuna para dar por terminada la discusión, aunque sin dirimir.

- Doctores. Lamento interrumpirlos pero revisando las pruebas materiales de la habitación de la víctima, se me ocurrió que esto podría ser interesante. –Dijo mostrando el envase con una única píldora faltante.

- ¿Qué es eso? No lo había visto. -Dijo Peraltés tomando el envase.

- Un medicamento inductor del sueño, según dice en la caja. Se me ocurrió que podría haber sido lo único no alimenticio que haya ingerido la niña. Aunque es poco probable que eso le provocara la muerte.

- Doctor Petres, debemos profundizar los análisis sanguíneos. Busquemos narcóticos. ¿Tenemos posibilidades aquí?

- Creo que no, lamentablemente. Habrá que esperar a realizar esos estudios en Santiago.

Uni se sintió desarmado, ya que esperaba que esto le enfocara hacia una pista sobre el origen del tóxico que había matado a la chica, cuando se le ocurrió que se podría hacer el camino inverso.

- ¿Y no se puede buscar el veneno en el envase?

- Por supuesto que sí. -dijo el forense- si fuera así podríamos detectarlo. Y salió raudo hacia el laboratorio.

Cuando los médicos terminaron su trabajo, Uni supo que había rastros de toxina en el envase del medicamento ingerido y las nueve restantes contenían solamente el inductor de sueño que se indicaba en la formulación.

- Eso no puede ser. ¿Cómo que existía toxina en una sóla píldora? ¿Fue un accidente? ¿Es posible que esto suceda en un laboratorio productor de medicamentos tan renombrado? Uni no podía entender lo que le estaban comunicando los médicos.

- No sé. Realmente es muy extraño que pudiese suceder esto pero no imposible. Habrá que investigar la producción completa. ¡Ya mismo debo comunicarme con las autoridades sanitarias de la República Argentina. Esta partida debe ser intervenida inmediatamente!

Diciendo eso, Peraltés salió disparado a buscar un teléfono con el objetivo de dar a conocer el hecho a sus superiores y comunicarse con las autoridades argentinas en forma urgente, más allá que el Juez Palakari debería emitir los exhortos correspondientes. Pero no se podía esperar a que la maquinaria burocrática de la Justicia chilena y luego la administrativa de Argentina se movieran. En caso de haber habido una contaminación de esa partida por la toxina botulínica, podrían estar muriendo muchas personas.

Mientras tanto, Uni tomó su teléfono celular y comunicó al Juez Palakari los hallazgos.

- Uni hijo, tú vas a tener que viajar a Buenos Aires a investigar esto. Le dijo el viejo magistrado.

- Pero señor Juez, yo no puedo. Soy un policía rapanuí. Y si no me permiten trabajar en "el conti", menos voy a poder hacerlo en el exterior.

- Estás equivocado. La norma dice que puedes desarrollar tus tareas en la Isla de Pascua y de acuerdo a los lineamientos que indique la Justicia. Y la Justicia soy yo y te estoy ordenando que en mi nombre viajes a Buenos Aires a entrevistarte con quienes sea necesario para aclarar este asunto. ¡Y no se hable más! Ya mismo estoy escribiendo la resolución. Eres mi representante.

El obeso policía transpiraba y se le resbalaba el teléfono de las manos. El Juez era muy buena persona, bonachón y tranquilo. Pero sabía más de leyes que nadie en todo Chile debido a haber dictado Cátedra en la Universidad de Chile durante toda su vida y se había retirado a la Isla con ese cargo judicial para terminar su carrera descansando. Además –y lo más importante- no era una persona que soportara ser contradicho, cosa que Uni sabía de sobra y no tomaría el riesgo ahora.

- Sí Señor Juez. Como usted disponga. Pasaré por su despacho a retirar la documentación. ¡Gracias Señor Juez!

No podía creer lo que estaba pasando. Una muerte que parecía haber sido accidental o por causas naturales, se había convertido en el caso con el que había soñado toda su vida. Un caso complejo y además con connotaciones internacionales. ¿Podría él estar a la altura de lo que se le pedía? Era ese el momento de demostrarlo. Ahora no sólo le transpiraban las manos. Todo su cuerpo exudaba líquido y tenía las ropas empapadas.

En cuanto regresó Peraltés, Uni le comunicó la decisión del magistrado y él estuvo de acuerdo. Es mas, le dijo que había pensado sugerir al Juez que eso sería lo mejor. Él no había podido hablar con nadie del laboratorio pero sí comunicarse con un médico amigo suyo en Buenos Aires, Presidente de la Sociedad de Toxicología, quien haría los contactos urgentes que eran necesarios.

- ¿A qué hora sale el primer vuelo mañana? preguntó Petres oportunamente.

- No recuerdo. Cerca del mediodía -contestó Uni. Debo hacer las comunicaciones oficiales inmediatamente y contactarme con mis superiores en Valparaíso para trasmitir la orden judicial. Además deben autorizarme los gastos. Y preparar todo...y hablar a la línea aérea...y al Comisario Sebastiagui...

- Tranquilo, Inspector. Le vamos a ayudar. No se preocupe. Dijo Peraltés para trasmitir calma al policía.

IX

El viaje del Inspector Uni Karapu a Santiago de Chile fue el más inquietante que hubiera realizado el policía. Las casi cinco horas de duración fueron utilizadas completamente para analizar los detalles del caso. Su mente zagaz le decía que no podía pensar en un accidente en el laboratorio productor de las píldoras. Eso significaría que estarían muriendo muchas personas en Argentina y probablemente ya se hubiese conocido algo. Había algo en los hechos conocidos que no terminaba de convencer a Uni. La chica había viajado sola, con poco equipaje sencillo que incluía elementos religiosos propios de una persona devota –lo que no es tan común en jóvenes de su edad-, poco dinero, no se había relacionado casi con otras personas, hasta donde se sabía no se la había visto en salidas nocturnas, parecía una persona extremadamente ordenada y hasta el momento no se había podido ubicar a familiares o compañeros de trabajo según le detallara el Comisario Sebastiagui momentos antes de partir el avión.

En la capital chilena Uni tuvo una entrevista con un jefe de la PDI, quien intentó convencerlo de que lo que estaba por hacer era malo para su carrera, que sería mal visto viajar al exterior a ejercer su función, etc. A pesar de ello, a la vez le extendía un permiso oficial por escrito. La Ley era clara tal como lo había dicho el Juez y aunque a los jefes no le gustara, no podían impedirle viajar y cumplir con su deber.

El lunes 12 de marzo de 2012 a las 21:55 partió Uni hacia Buenos Aires, a cuatro días de que apareciera muerta María Celia Gutiérrez Pena, argentina, 28 años de edad aparentemente envenenada con toxina botulínica, con la intención de desbrozar ese bosque de pruebas e indicios en busca de la causa.

El vuelo de dos horas fue tranquilo y el policía rapanuí fue recibido en el aeropuerto de Ezeiza por el Comisario Sebastiagui, quien le facilitó los trámites en las oficinas de Migración y lo condujo al centro de la ciudad alojándolo en un hotel pequeño. Casi no hablaron del caso y Uni se encontraba un poco cansado por los viajes y las reuniones, por lo que acordaron que al otro día a las nueve de la mañana el argentino enviaría un oficial a buscarlo para comenzar las investigaciones en su oficina.

Esa noche a pesar del cansancio, Uni durmió inquieto y soñó que María Celia era su hija, se perdía en un bosque y él la buscaba desesperadamente.

La mañana del 13 de marzo amaneció espléndida en Buenos Aires. Uni pensó en lo bueno que era que él no fuera supersticioso, ya que un martes 13 no hubiera sido buen inicio de investigación.

Al llegar a las oficinas de la Policía Federal el Comisario Sebastiagui lo esperaba con una taza de café y la noticia de que la gente de Cancillería aún no había podido hablar con la Vicaría y tampoco se había podido ubicar a la madre de María Celia.

- ¿No se pudo comunicar aún a la madre? Eso me parece lo primordial desde el punto de vista humano. Dijo Uni a la vez que el argentino asentía y le decía que en esos momentos estaban enviando una patrulla a su casa en Puerto Yeruá.

- Estaremos al tanto inmediatamente porque he pedido que me comuniquen a mi teléfono celular. Mientras tanto, sugiero que vayamos a la Vicaría porque si esperamos por los de Cancillería...

- De acuerdo. Cuanto antes quisiera comenzar a hablar con sus compañeros de trabajo. ¿Y la investigación en el laboratorio?

- Ya tengo a gente trabajando en eso. Nos tendrán al tanto inmediatamente que aparezcan novedades.

Los dos policías tomaron un vehículo sin identificación policial y realizaron el trayecto hasta la Vicaría de La recoleta, ubicada en un edificio adjunto a la Iglesia Cristo Redentor. En el lugar fueron recibidos por Anabel, quien los hizo pasar a la Secretaría. Una vez sentados, el Comisario le preguntó por las llamadas de la Cancillería y ella reconoció que al no poder comunicarse, había pensado que sería algo de rutina.

- ¿Ha pasado algo para que la policía esté involucrada?

- Quien me acompaña es el Inspector Uni Karapu de la Isla de Pascua, Chile. Debemos hablar con el superior de la señora María Celia Gutierrez Pena.

- ¿Le sucedió algo a María Celia? -dijo la chica muy preocupada– Ella está de vacaciones allí. Yo soy su compañera de trabajo.

- Lamento decirle que no traemos buenas noticias.
- ¿Cómo? alcanzó a decir Anabel y rompió en llanto imaginando lo peor.

La situación llamó la atención de Cecilia que estaba transcribiendo un sermón del Obispo a pocos pasos y se apresuró a acercarse a su compañera. Mientras tanto, el Comisario trataba de consolar a la chica y Uni se puso de pie alejándose un poco de ellos. No soportaba el llanto femenino, le provocaba tristeza y pena.

Lo que siguió fue muy doloroso para las secretarias, ya que el Comisario les puso al tanto de la muerte de su compañera, sin entrar en detalles. Los policías insistieron en hablar con el jefe directo de María Celia y Anabel dijo que sería el Monseñor pero que en ese momento se encontraba en una reunión con los párrocos de la Diócesis por la preparación de los ritos de la próxima Semana Santa que iniciaría el 1 de abril con el Domingo de Ramos. A Anabel le gustaba ser muy específica en sus dichos y eso la hacía una secretaria tan eficiente.

A Uni le pareció importante que fueran ellos quienes dieran la noticia al Obispo, ya que especialmente a él le interesaba ver su primera reacción.

Consiguieron con las secretarias la dirección donde se realizaba la reunión y hacia allí se dirigieron, exigiendo a las mujeres que no comunicaran nada al Obispo, ante lo que Anabel aclaró que Monseñor les tenía estrictamente prohibido molestarlo a través del teléfono celular cuando estaba en funciones fuera de su despacho. Al llegar a la Parroquia Santa María en el barrio de Almagro se encontraron en el despacho parroquial con el Padre César Cansejo, quien no participaba de la reunión debido a su bajo rango, a pesar de que él sabía que los detalles de la celebración recaerían luego sobre su persona.

Los policías se presentaron e inmediatamente el cura supo que algo grave le sucedía a su amiga. Así se los hizo saber y ellos confirmaron la mala noticia.

El padre César estaba conmocionado y esto llevó a Uni a preguntarle si conocía a la secretaria del Obispo.

- Por supuesto. La hermana María Celia es una buena amiga con la que compartimos el interés por las aves.

- ¿La “hermana” María Celia?

- Si. ¿No lo saben? María Celia pertenece a la congregación de las Hermanas Mercedarias del Divino Niño.

La sorpresa de los policías sólo fue enmascarada por su profesionalismo pero Uni sintió un nuevo vuelco en la investigación que se estaba complicando a cada minuto.

- ¿Y era la secretaria del Monseñor, según entiendo?

- Si. La Secretaria principal. Desde hace cinco años trabaja con el Obispo.

- Padre, si no lo toma a mal, quisiéramos conversar con usted antes que con el Obispo, que de todas formas, por lo que nos dice estará ocupado sin posibilidades de ser molestado hasta la tarde.

- Por supuesto. Pero dígame cómo sucedió. ¿Qué le pasó a María Celia?

- No podemos decirle mucho por el momento. Fue encontrada muerta en su habitación en una posada en la Isla de Pascua – dijo el Comisario argentino, marcando claramente lo que le dirían al sacerdote, quedando implícitamente de acuerdo con Uni. ¿Usted sabe si ella tenía alguna enfermedad crónica o tenía prescripto agún medicamento?

- No. Es una persona muy sana. Física y mentalmente. Compartíamos grandes caminatas en busca de aves y a decir verdad, su estado físico es mejor que el mío.

A Uni le sonó mal la utilización del tiempo presente en la expresión del cura pero entendió que aún no pudiera hacerse a la idea de la muerte.

- ¿Desde cuándo conocía a la hermana?

- Desde que comenzó a trabajar en la Vicaría con Monseñor. Yo estaba en el Seminario y la conocí allí cuando acompañó al Obispo. Casualmente comenzamos a hablar y coincidimos en nuestro gusto por la observación de aves. Ella se crió junto al Río Uruguay y desde niña ama esa actividad. Casi igual que yo, que a pesar de haber nacido en la capital, desde niño gustaba de salir al campo.

- ¿Se veían con frecuencia? ¿Sabía de su viaje a la Isla de Pascua?

- No muy frecuentemente. Supe de su viaje porque me lo comunicó por teléfono. Hará más de dos meses que no nos vemos, aunque hemos hablado por cuestiones administrativas de mi Parroquia.

Uni y Sebastiagui continuaron interrogando al cura en forma de charla informal y supieron que María Celia estaba dedicada a las tareas sociales en barrios pobres además de trabajar al menos ocho horas en la Secretaría del Obispo.

El Padre César les contó de su origen modesto y de la intensa vocación que sentía la joven. Les habló de su madre, a la que conocía por haber hablado por teléfono con ella en un par de oportunidades y sabía de su dedicación a la hija, especialmente después de la muerte de su padre.

En definitiva, los policías tuvieron una idea bastante clara de la vida de la religiosa, al menos desde el punto de vista de este cura joven, sobre quien también averiguaron de su vida.

- Sepan que estoy a su entera disposición para lo que sea necesario –dijo el jesuita. A Uni le pareció que sería interesante contar con su ayuda en el futuro, ya que aparecía como una persona inteligente y sobre todo interesada. Especialmente sería de gran ayuda al momento de hablar con la familia de la joven.

La reunión del Obispo con los Párrocos terminó antes de lo previsto y accedió a recibir a los policías en el comedor de la Parroquia. Lo encontraron sentado a la cabecera de la gran mesa con una taza de té en sus manos. A Uni, acostumbrado al cura de Hanga Roa, un isleño muy campechano, esa imagen del Obispo le chocó por lo ampulosa y rebuscada.

- Lamentamos ser portadores de esta triste noticia, Monseñor –dijo el Comisario luego de comunicar a información- y necesitamos conversar con usted sobre María Celia, quien acabamos de enterarnos era una hermanita dedicada al Señor.

- Efectivamente – dijo el Obispo con aspecto alicaído. Sabrá el Señor por qué llamó a la Hermana María Celia a su lado en tan extrañas circunstancias.

- Si. Realmente extrañas debo decir. Sin embargo ahora nos interesa que nos relate cuál era su relación con la Hermana.

- Ella era una secretaria excepcional. La más experimentada de mi equipo. Siempre deseosa de hacer su tarea en forma perfecta.

- ¿Desde cuándo trabajaba con usted?

- No recuerdo exactamente pero deben ser más de cinco años.

- ¿Sabía usted si ella tenía algún tipo de problema personal?

- No. No sé por qué pregunta eso. Siempre aparecía muy voluntariosa y no hablábamos mucho de su vida. Sé que vivía en el Hogar de las Hermanas Caritativas y seguramente allí le podrán dar detalles de su vida fuera de la Vicaría. O las otras secretarias… Debido a mis importantes actividades es poco el tiempo que estoy en el despacho, lamentablemente.

Uni sintió la necesidad de participar en la conversación pero habían acordado con Sebastiagui que sería el argentino quien dirigiera ese primer contacto. Así que calló sus cavilaciones y sofrenó un sentimiento de ira que lo estaba invadiendo solamente por escuchar a ese pedante religioso.

Durante el viaje de regreso a la Central Federal luego de haber acordado con las secretarias otra entrevista y con el Obispo que probablemente lo visitarían nuevamente, los policías comentaron sus impresiones.

- ¡Nunca hubiera pensado que era una monja! –dijo Uni nada más subir al auto.

- Yo tampoco. Aunque no la vi en Isla de Pascua como usted.

- Por su comportamiento en Rapanuí se hubiese pensado en una chica introvertida pero nunca que fuera monja. Aunque en realidad se trata de una Congregación muy liberal al extremo que no usan hábito religioso. Según el Padre Cancejo trabajan en su mayoría en acciones sociales en los barrios más pobres.

- Villas miserias, decimos aquí.

- Me llamó un poco la atención la reacción del Obispo. De pronto es una persona muy controlada. Pero pareció que no le interesó mucho. Extraño, tratándose de una colaboradora tan eficiente y con tantos años a su servicio.

- Si. Observé lo mismo. Y hay algo que me hace ruido en su actitud pero no sé qué es.

Como estaban llegando a la sede policial y era más del mediodía, Sebastiagui invitó a Uni a almorzar en un pequeño restaurante cercano al que asistían policías, antes de seguir con las tareas.

X

El Padre César luchaba en su mente con el impulso de dejar que los policías hicieran la tarea o llamar él mismo a la mamá de María Celia. Le dolía mucho la muerte de su amiga y tuvo que hacerse de toda la fuerza que le daba su fé para lograr marcar el número telefónico en Puerto Yeruá.

- Hola.
- ¿Señora Celia?
- Si. ¿Quién habla?
- Soy el Padre César.

- ¡Padre César! –dijo con sorpresa pero sintiendo en lo profundo de su ser que no serían buenas noticias.

- Señora Celia. ¿Se encuentra sóla?

- En este momento estoy tomando mate con una vecina. ¿Qué sucedió? ¿Le pasó algo a mi niña?

- Hubiera querido hablar esto con usted personalmente pero es imposible trasladarme allí y hay cosas urgentes que hacer.

- Padre. ¡Dígame ya!

- María Celia sufrió un accidente en Isla de Pascua. –dijo el cura tratando de hacer la noticia más leve.

El llanto de la mujer fue desgarrador e inmediatamente el religioso escuchó que el teléfono caia sobre la mesa y después la voz de otra mujer que preguntaba qué sucedía. El llanto de Celia se oía fuertemente y la otra mujer seguía preguntando. Luego ella tomó el teléfono.

- ¿Quién habla? –la voz de la mujer era agresiva, comprensivamente quería saber quién hacía llorar a su amiga.

- Señora, soy el Padre César Cansejo, amigo de María Celia. Por favor, contenga a la señora Celia. Su hija sufrió un accidente.

La mujer le dijo que ella era Estela, su vecina de al lado y quiso saber más sobre el accidente. Mientras tanto, consolaba a su amiga.

El padre César trató que la mujer comprendiera la situación, en la esperanza de que pudiera ayudar a su amiga en ese difícil trance. Además, él sabía que la policía del pueblo iría en cualquier momento a la casa a indagar sobre su hija y coordinar la repatriación del cadáver, lo que podría ser aún más traumático para la pobre mujer.

En ese momento no podía hacer nada más por Celia y encomendó al Señor el alma de María Celia y el cuidado de su madre.

Por otro lado, no podía entender cómo había podido morir su amiga. Lo que los policías habían dicho era que se había encontrado su cadáver en su habitación. Pero si hubiese sido por causas naturales, no estaría en Buenos Aires un policía de la Isla de Pascua acompañando a un policía federal. Algo más debía suceder.

Pensando en eso, decidió llamar al teléfono que le dejara el Comisario Sebastiagui para buscar más información, aunque dudaba que se le diera.

- Quisiera hablar con el Comisario Sebastiagui, por favor.

- ¿Quién habla?

- El Padre César Cansejo. Él estuvo conmigo esta mañana en la Parroquia.

- Un momento, por favor. –la voz dio lugar a una música instrumental de espera y luego de un par de minutos apareció la voz del Comisario.

- Buenas tardes, Padre César. ¿en qué puedo ayudarle? ¿O tiene alguna información para la investigación?

- Buenas tardes, Comisario. En realidad quería comentarle que hablé con la mamá de María Celia y una vecina que estaba con ella. Espero que la policía de Puerto Yeruá sea considerada con esta pobre mujer. No supe qué decirle de las causas de la muerte, que además a mi también se me hacen muy extrañas. ¿Podríamos hablar de eso un poco más?

- Mire padre, estamos en una etapa de investigación inicial y no podemos decir mucho más.- dijo el policía con tono dubitativo.

- Pero entienda que es muy extraño que haya sido encontrada muerta y resulte que sea necesario que un policía chileno de la Isla de Pascua viaje a Buenos Aires por eso. Algo más debe haber…

La primera impresión de Sebastiagui fue de sorpresa, ya que nunca habría imaginado que el joven cura cuestionara directamente sus dichos, aunque lo hubiese pensado. En segunda instancia, pensó que podría ser útil a la investigación y que el sacerdote parecía una persona inteligente. Entonces le dijo:

- Padre. necesito consultar con mi colega chileno, que es quien dirige el caso original. Lo llamaremos inmediatamente. –Dicho esto se despidió del jesuita y buscó a Uni que se encontraba en la oficina de identificación, donde le confeccionaban un carné para ingresar al edificio sin necesidad de ser acompañado cada vez por alguien de la oficina de Sebastiagui.

- Yo creo que el padre César podría ayudarnos a entender algunas cosas de la vida de la víctima.

- Si. Creo lo mismo – dijo Uni concordando en la idea. Sobre todo para entender la interna de la Vicaría. No me queda muy claro cómo es eso y la actitud del Obispo no ayuda mucho.

- Bien. Llamemos al cura y tengamos una reunión con él.

XI

- Con el Diputado, por favor.
- ¿Quién le habla?
- El padre Paolo.

- Un momento, Padre. Voy a ver si terminó su reunión.

La música de espera exasperaba al Obispo, a quien no le gustaba esperar por nada. Y menos aún escuchando eso.

- Hola. Padre Paolo. ¿Cómo está?

- Bien gracias. Pero necesito comentarle algo urgentemente. Se trata de las donaciones recibidas gracias a sus gestiones. Hay que agradecer a algunas personas y necesitamos que pase por la parroquia lo antes posible.

- Perfecto, Padre. Pasaré por ahí en la tarde.

El Diputado Cortelazzi sabía que cuando Monseñor utilizaba el nombre de Padre Paolo para comunicarse era realmente urgente y debería ir a verlo inmediatamente. No quería que por ningún motivo se arruinara una operación con tanto tiempo de planificación.

- Cortelazzi, las cosas se complicaron fuertemente. Apareció muerta mi Secretaria principal en Isla de Pascua.

- Pero Padre… ¿cómo sucedió eso?

- No se sabe. Pero lo preocupante es que anda en Buenos Aires un policía chileno haciendo investigaciones en compañía de un Comisario de la Federal. No quiero que traten de hacer que yo tenga que declarar. Por ningún motivo.

El nerviosismo extremo del prelado le pareció exagerado al diputado, por lo que pensó en aprovechar a situación.

- Padre. Quédese tranquilo. Yo me haré cargo de sus probemas con el techo –hablando de esa forma para los oídos de una de sus secretarias que estaba en su despacho.

- Déjese de pavadas y veámosno en el bar de la esquina a las seis.

El bar de la esquina era un boliche de mala muerte que estaba en una esquina de su viejo barrio, donde habían compartido algunas salidas en la adolescencia. Habían usado ese lugar para encontrarse de incógnito en un par de oportunidades mientras estaban confabulando sus negociaciones con Casales.

El Obispo cortó la comunicación dejando al diputado muy preocupado por que este nuevo hecho pudiese malograr el negocio que estaban iniciando.

Vestido con jeans y ropa muy informal se presentó en el bar un poco antes de las seis de la tarde. Allí ya estaba instalado el Monseñor, al que si no fuera porque anteriormente lo había visto vestido así, no hubiese conocido. El prelado se había puesto ropa muy holgada y vieja, que seguramente había obtenido de las donaciones recibidas en alguna parroquia, y se había encajado hasta las orejas un sombrero de pescador que en algún momento había sido blanco. Lo único que no iba acorde con su aspecto general eran sus blancas manos con manicura muy cuidada.

- Hola Paolo. ¿Cómo está?

- Mal. Muy mal. Este asunto me preocupa sobremanera. No se mucho de lo que pasó y esta muerte me puede poner en a picota sin tener nada que ver.

- Mire, por lo que pude averiguar con mis informantes en la Federal es que el policía chileno vino casi obligado por un juez de la Isla de Pascua y no es muy avispado. Por su parte, el Comisario Sebastiagui, que está a cargo aquí no tiene por el momento ninguna información valedera. Al parecer la chica fue encontrada muerta en su habitación y no había hablado casi con ninguna persona. No tienen nada. Ninguna pista extraña. Si lo interrogan nuevamente no será ningún problema para usted.

- Pero… ¿por qué aparece este rapanuí en Buenos Aires? Eso me parece muy extraño.

- Ya le dije. Vino obligado por el Juez de la Isla. Y parece medio tonto. Mis informantes creen que se va a ir en cualquier momento.

- ¿Con quién más hablaron? En mi oficina interrogaron a las otras dos secretarias y parece que también a un jesuita que estaba en la Parroquia donde me reuní con los párrocos.

- A nadie más. No es más que una investigación de rutina. El chileno se va a volver a su país pronto a cerrar el caso y seguir rascándose las bolas en la Isla de Pascua. Y disculpe a expresión....

- No se... no me parece lógico.

- ¿Pero hay algo que deba saber para que usted esté tan preocupado?

- No. Nada –dijo el obispo eludiendo entrar en otra conversación. No era necesario que el diputado estuviera enterado de otra cosa- Solamente que estoy muy nervioso por la muerte de la hermana María Celia, a quien apreciaba tanto. ¡Dios la acoja a su lado!

- Amén –dijo el diputado, pensando que el cura le estaba ocultando algo pero que no era el momento de indagarlo- Permítame cambiar de tema: ¿cómo está su conversación con Casales?

- El viernes nos reuniremos a cenar. Aunque no sé si sea bueno con estos policías dando vueltas...

- Pero será una cena privada como siempre...

- Si. He dado órdenes para que cenemos sólos y con servicio externo que no haya utilizado en otras oportunidades. No habrá personal de la Vicaría.

- Entonces no habría de qué preocuparse. Ya le digo: estos policías van a soltar el caso sin más.

- Ojalá no molesten. Tengo muchas cuestiones importantes en qué ocuparme por el bien de los fieles.

- Exactamente. Su misión no debe verse interrumpida, Monseñor.

XII

Las noticias que llegaron del laboratorio productor del medicamento que había tomado María Celia no eran concluyentes de nada. Solamente habían otorgado el dato de que el número de producción correspondía al 30 de diciembre de 2011 y que realizarían el seguimiento de rutina, aunque por el momento no realizarían el retiro de esa producción del mercado por falta de pruebas. No obstante, pondrían en práctica lo que marcaban sus protocolos para estos casos y a la brevedad informarían resultados. Por otro lado, no se habían comunicado muertes por toxina botulínica desde el año 2008, en que hubo una intoxicación alimentaria en una fiesta.

- No es muy alentador –dijo Uni.

- Pero es un laboratorio extranjero y tienen controles de calidad más eficientes. Eso es una ventaja, si fuera argentino, ya habría muerto media ciudad... –contestó Sebastiagui a la vez que trataba de comunicarse con su hija adolescente a instancias de su madre, de la que estaba separado y lo había llamado para decirle que "otra vez" la niña no había dormido en su casa.

- Mientras tratas de solucionar ese asunto familiar voy a hablar con el Padre César, si te parece.

- Si, llevá el coche con un chofer –le dijo distraído el Comisario, a la vez que digitaba nuevamente el número del celular de su hija.

- Prefiero ir en taxi. Es cerca y no quiero ocupar recursos que de pronto necesitan.

- Está bien. Pero tené cuidado que Buenos Aires no es como Hanga Roa. ¡Hay que cuidarse hasta de los curas! ¡Hasta luego!

Uni prefería ir sólo a ver al jesuita. Sebastiagui se había comportado muy correcto dándole toda la ayuda pero él se daba cuenta que el argentino tenía sus propias preocupaciones personales y laborales Salió a la calle y abordó el primer taxi libre que encontró, dirigiéndose a la Parroquia Santa María en el barrio de Almagro.

Encontró al Padre César ocupado atendiendo a una señora de unos sesenta años de edad que insistía en que su hija la quería echar de su casa y que si el padre hablaba con ella seguramente cambiaría de opinión. Uni escuchaba la conversación desde afuera del despacho del cura y pensó que no importaba de qué fé se tratara, los sacerdotes, pastores, brujos de tribu, chamanes o lo que fuera, eran los precursores de los psicólogos. Desde que el ser humano necesitó creer en algo superior a si mismo, o explicar fenómenos naturales que no podía entender, también necesitó de guías espirituales. Uni pensaba que los dioses eran una creación del ser humano y las religiones una forma que encontraron los líderes a través de sus dirigentes espirituales para controlar las sociedades. Inculcando a través de los preceptos divinos determinadas normas de organización social, de salud pública, de seguridad pública y hasta de relaciones exteriores. Desde que había leído la frase de Nietzsche que impone la duda de si los humanos somos un error de dios o dios es un error de los humanos, se afirmó en ello.

Sus propias creencias no iban más allá que respetar las tradiciones familiares, en la seguridad que solamente la familia es el núcleo básico a venerar. La familia propia y las ajenas, con lo que él aseguraba respeto a todo el mundo.

El Padre César salió del despacho abrazando a la señora, que lloraba agradecida por las palabras contenedoras del cura. Al verlo no se mostró sorprendido, sino más bien a Uni le dio la impresión que lo estuviese esperando. Al despedir a la feligresa en la puerta del patio, regresó rápidamente a saludar al policía.

- ¡Inspector Karapu, bienvenido! Lo iba a tratar de ubicar por teléfono.
- ¿Cómo está, Padre? Qué bien que coincidamos en eso.
- Estoy muy procupado por la muerte de la Hermana María Celia. Quiero ayudar.
- Eso es exactamente lo que vengo a hablar con usted.
- Si, ¡Pero pase! Charlemos en el despacho.

El jesuita estaba tomando mate y convidó a Uni, quien agradeció explicando que no tomaba mate pero aceptó entonces un café.

Mientras el sacerdote buscaba a la asistente para que preparara la bebida, Uni aprovechó a husmear entre los papeles que tenía el cura sobre su escritorio. Al parecer estaba preparando un programa para una feria de venta de ropa usada a realizarse en la parroquia. También pudo ver que la computadora portátil estaba apagada. No había en la mesa de trabajo mucho más. Solamente le llamó la atención una foto de un niño de unos cuatro años, que desde un portarretratos dorado saludaba con la mano y una amplia sonrisa.

- Disculpe que lo haga esperar pero Doña Josefa está viejita y medio sorda. No oía que la estaba buscando.

- No hay problema. Tengo tiempo. La locura de Buenos Aires aún no me ha contaminado.

- Es realmente una locura. Yo trato de no dejarme influir por eso pero a veces me arrastra.

- Si, me imagino. Yo no conocía esta ciudad y me ha sorprendido en muchos aspectos. Debe ser difícil para usted poder escaparse a observar pájaros. Porque esa dijo que era su afición, ¿verdad?

- Si. Exactamente. Una afición que compartía a veces con María Celia, ¡Dios la tenga a su lado! Trato de salir a los bosques de Ezeiza cuando puedo y si tengo un par de días voy a la casa de mi hermana en la provincia. Allí aprovecho a estar en familia y jugar con mi sobrino – dijo señalando la foto y ahorrándole a Uni la pregunta.

- ¿La hermana María Celia era muy cercana a usted?

- Yo no diría cercana. Ya le conté cómo nos conocimos y en realidad nos veíamos poco. Intercambiábamos fotos de aves por correo electrónico y conversábamos por teléfono cuando era posible. Ella estaba siempre muy ocupada en la secretaría de Monseñor y vivía en una residencia de hermanas, donde no siempre podía usar el teléfono libremente.

- ¿Cómo piensa usted que murió?

- Solamente sé lo que ustedes me dijeron. Espero que haya muerto sin sufrir y en paz con el Señor.

- Me refiero a que si cree que hubo alguna circunstancia extraña en su muerte.

- ¡Por supuesto! Por eso lo iba a contactar. Me interesa ayudar.

- ¿Usted cree que hubo alguna circunstancia extraña en su muerte? ¿Por qué? –dijo Uni reiterando la pregunta y cada vez más interesado.

- ¡Claro! La hermana era una persona muy sana. No es posible que simplemente haya muerto durmiendo.

- ¿Sabe si tomaba alguna medicación?

- No que yo sepa. ¿Descubrieron algo en ese sentido?

- Padre. Por el momento la investigación está cerrada a la Justicia y la Policía. No puedo comentar con usted todos los detalles.

- ¡Entonces hay algo más! Si quiere que los ayude –y créame que puedo hacerlo- me va a tener que contar esos detalles.

- Me sorprende, Padre. ¿Por qué está tan seguro que puede ayudar?

- Mire Inspector, normalmente no debería hablar con nadie sobre lo que voy a revelar pero en este caso me siento personalmente involucrado y además usted me da la confianza y seguridad necesarias para hablar. Usted sabrá que los Jesuitas tenemos una forma muy especial de servir al Señor. Somos de alguna manera el brazo terrenal de la Iglesia. Nos dedicamos a las ciencias, a investigar la vida, los misterios de la naturaleza y no somos muy afectos a los dogmas, a pesar de que son la base de nuestra Iglesia. En mi caso particular, además de mi afición a las aves, he tenido la oportunidad de formar parte de un grupo muy especial de la Iglesia Católica. No puedo darle detalles pero le diré que nos dedicamos a colectar y analizar información de personas, grupos, mafias que realicen inteligencia hostil o potencialmente hostil al Pontífice.

La sorpresa de Uni se manifestó en su gran rostro. Este cura le estaba diciendo que era un hombre de contra inteligencia. No pudo asimilar el concepto cuando el Padre César le seguía diciendo:

- Le parecerá muy extraño seguramente. Pero debo decirle que la Santa Iglesia no sería lo que es si no se hubiese dedicado durante siglos a espiar a todo el mundo. No se puede hacer nada sin información. En la Iglesia católica hay muchos grupos dedicados a cuestiones terrenales, por llamarlo de alguna manera. Los Jesuitas somos una órden muy especial que hemos estado en momentos históricos claves para la supervivencia de nuestra Iglesia. Y usted se preguntará por qué le estoy confiando esto. Simplemente porque me parece que usted es merecedor de mi confianza, que sabrá mantener el secreto y porque esta muy lamentable muerte además se vincula directamente con mi trabajo en estos momentos.

- No sé que decir, déjeme entender –Uni se sentía estúpido ante las declaraciones del cura. A pesar de que era un excelente policía, su cerebro estaba entrenado a lidiar con casos policiales regulares y la vida apacible de la Isla no ayudaba a mantenerlo muy activo profesionalmente-.

- No se preocupe, le voy a dejar saber todo lo necesario.

A partir de allí, el Padre César le contó a Uni cómo al salir del Seminario había sido "reclutado" por el representante del Padre General de la Compañía de Jesus en Argentina para integrar un grupo especial dentro de la congregación que trabajaba directamente a órdenes de Su Santidad, a través del Padre general. Le explicó que ese grupo, integrado por curas jesuitas de varios países se dedicaba a investigaciones especiales que el Papa deseaba llevar a cabo. Dentro y fuera de la Iglesia.

- ¿Y cómo eligen a los integrantes? -Quiso saber Uni.

- No lo sé. Supongo que por algunas habilidades o intereses demostrados.

- ¿Y son todos Jesuitas?

- Si. Exclusivamente.

- Muy interesante. Pero… ¿por qué quiere participar especialmente de esta investigación? Aparte de que la Hermana era su amiga…

- Independientemente de eso. A la Hermana María Celia la apreciaba muchísimo como mi amiga y ella estaba en el medio de algo que interesa a mi grupo.

- ¿Por qué me cuenta esto, Padre? Se supondría que su actividad debería ser secreta, o al menos que nadie ajeno a la Iglesia debería conocerlo.

- No es así. Nuestra existencia es conocida dentro de la Iglesia. Probablemente no se sepa quiénes integran el grupo ni en qué temas estamos trabajando. Por otra parte, en la mayoría de los casos debemos contactarnos con autoridades policiales locales. Es más, tenemos la necesidad de contar con acceso a registros oficiales, antecedentes judiciales, etc. Eso obliga a abrir cierto conocimiento a algunas personas, a generar contactos y disponer de redes.

- Pero yo no tengo contactos aquí.

- No. Pero usted apareció en medio de una situación que involucra un caso que estamos investigando.

- Mire Padre…va a tener que "abrirse" más conmigo –haciendo el gesto de comillas con los gruesos dedos de ambas manos- porque estoy poniéndolo en primer lugar de mi lista de sospechosos. Y le recuerdo que el policía aquí soy yo. Y el Comisario Sebastiagui que me está brindando apoyo.

- Si. Tiene razón. Disculpe. Usted me impresiona como una persona de bien y además un muy buen investigador. Por eso decidí contactarlo. Sabrá que Su Santidad Benedicto ha iniciado una lucha contra la corrupción interna en la Iglesia. Lamentablemente los siglos de lo que podríamos llamar impunidad social han provocado, que como dentro de toda familia, algunos miembros se desvíen. En este caso los desvíos han sido morales, de comportamiento y también de gula económica. Argentina es un país que tiene demasiadas oportunidades para seducir a quienes están deseando hacer mucho dinero sin seguir las normas.

- Usted está siendo muy general en su comunicación pero tiendo a creerle. Ahora explíqueme por qué le interesa mi caso. Insisto: no debe ser solamente por su amistad con la hermana…

La conversación se prolongó por espacio de una hora y el sacerdote explicó al policía que su interés estaba centrado en la Vicaría. Existían sospechas de que el Obispo estaba relacionándose con ciertos círculos de poder económico con fines espurios. Su trabajo se venía desarrollando desde un año atrás y había logrado pocos avances.

Uni le confió entonces la causa real de la muerte de la Hermana María Celia, lo que hizo que el Padre César lograra atar algunos cabos sueltos.

- ¿Tienen algún sospechoso?

- Ninguno. El hecho de que solamente uno de los comprimidos del *blíster* estuviese envenenado es muy extraño. No se ha tenido noticias de que hubiera más muertes por esta causa, por lo que debemos pensar que fue colocado especialmente en ese paquete. No puede ser casualidad.

- Si. Pienso lo mismo. Debemos pensar en quién está en condiciones de hacer eso.

- Ese tipo de medicamentos debe ser comprado con prescripción médica, ¿verdad?

- Seguramente si.

- ¿Y quién le pudo haber recetado eso?

- La Hermana estaba afiliada a la Clínica del Círculo Católico. Podemos averiguar allí por su historia clínica.

- Lo que no me explico es por qué solamente uno de los comprimidos tenía la toxina. Podía no haberlo tomado nunca. Si yo fuera el asesino hubiese deseado que se muriera como finalmente fue: lejos de cualquier asociación conmigo.

- Yo creo que sabían que iba a tomar esa pastilla.

- ¿Por qué dice "sabían"?

- Inspector, ya le expliqué que se trata probablemente de una organización, por lo que debe haber más de un asesino. La Hermana se debe haber topado con información que no debía conocer y tuvieron que eliminarla.

- ¿Tan complicado está el obispo?

- Aparentemente si. Aunque por el momento solamente tenemos sospechas y algunos indicios, las evidencias de sus actividades no van a tardar en aparecer. La muerte de María Celia hará que cometa errores y se va a poner al descubierto.

- ¿Tenemos? ¿Alguien más trabaja con usted?

- No en el país. Aquí solamente soy yo y una pequeña red de informantes que no saben de qué se trata pero tenemos un grupo de trabajo conformado por varios jesuitas que refiere directamente a uno de los cuatro asistentes principales del Padre General, quien ordena las investigaciones. Eso es lo que puedo decirle.

- Pero si sospechan de actividades ilícitas, deberían dar cuenta y participación a la policía.

- Inspector, la Iglesia y en particular la Compañía de Jesús, solucionan sus propios problemas. No queremos que las autoridades locales se inmiscuyan.

Uni se asombró de la forma de hablar del cura. Pero evidentemente el que hablaba no era el religioso, sino el investigador. Él sabía cómo era eso. Cuando se está en un caso, se dejan de lado los sentimientos personales y se actúa profesionalmente.

Se pusieron de acuerdo en que por el momento no le dirían nada a Sebastiagui y que el padre César iría a la sociedad médica a tratar de conseguir información sobre la historia clínica de María Celia. Mientras tanto Uni interrogaría al Monseñor en busca de más pistas sobre la base de algunos datos que le cediera el jesuita.

Habían establecido un equipo.

XIII

Cuando se veía obligado a ese tipo de reuniones clandestinas, Monseñor Mantoveni quedaba de muy mal humor. No le gustaba hacer eso. Le hacía sentir sucio, culpable. Pero él sabía que la culpa era parte del dogma católico. Culpa y castigo: las bases de la religión. De cualquier religión. Aunque su trabajo fuese manipular esos dos sentimientos en los fieles, cuando era él quien caía en eso se ponía de mal humor. Mucho mal humor. Y lo que hacía para sacarse de adentro el sentimiento era buscar culpas en los demás.

- Pero Monseñor, no fue mi culpa. ¡Yo no tenía cómo saber que el jardinero cambiaría las flores de ese cantero! –se quejaba Cecilia, la secretaria más nueva.

- Usted es responsable de ese tipo de cosas – le espetó el prelado, no permitiendo más quejas.

- Si Monseñor. Como usted indique –la mujer ya sabía que nunca se debía discutir con el Obispo. Nunca. A pesar de que no estaba responsabilizada de ese tipo de cuestiones. Y trató de salir del despacho lo antes posible y sin más daños.

- ¡Y dígale a Anabel que venga inmediatamente! –le gritó cuando iba saliendo. Ahora le tocaría a ella.

La otra cosa que calmaba en esos casos a Mantoveni era ver a su médico personal. Pero a ella la llamaba personalmente. No dejaba que sus secretarias estuvieran al tanto de sus consultas. Así que después que se despachó con Anabel incriminándola de haber retrasado el envío de una nota al Arzobispado –cosa que no había sucedido- tomó su celular y llamó a la doctora Alba Panencio, médico internista y jefe del Departamento de Farmacia de la Asociación Médica Círculo Católico.

- Necesito verte – le dijo apenas ella atendió el llamado.

- Hola Paolo. Si. Estoy bien. Gracias.

- No estoy para prolegómenos. Esta tarde a las seis. En el bar de siempre – y cortó la comunicación sin dar lugar a más comentarios. Así se relacionaba el Obispo.

A las seis y cinco entró Mantoveni vestido como cualquier hombre de negocios al bar de Tucumán y Reconquista. Ubicado en una zona de calles angostas y sombreadas, a esa hora si bien mantenía movimiento, comenzaba a acurrucarse para terminar el día.

En una mesa ubicada al fondo del local se encontraba la hermosa mujer pelirroja. Vestía una falda negra y blusa blanca con puntillas en el escote que dejaba ver el inicio de unos senos bien formados. Tenía cincuenta y dos años pero su apariencia era de no más de cuarenta y cinco. Los ojos negros, grandes y vivaces encontraron los del hombre que parecía un ejecutivo con un perfecto traje azul marino, corbata y pañuelo al tono, que avanzaba hacia ella. Vió esos ojos atormentados y se preguntó por qué permitía que pasara esto. Cuando él estuvo a su lado y tomó asiento frente a ella lo tuvo claro una vez más: lo amaba.

- Hola Paolo. ¿Cómo estás?

- Hola. Depende de cómo se vea. He tenido algunos encuentros desagradables.

- Me imaginé. Siempre es un placer verte pero cuando me llamas así….

- Es que estoy muy presionado. No es fácil estar en mi posición.

- Si. Lo sé. ¿Querés que vayamos al departamento? Ya terminé y estoy libre hasta mañana a las ocho.

- Alba. Siempre tan sutil…ya que me puse esta ropa quisiera lucirla un poco más aunque sea en este bar de segunda.

- Está bien. Sólo quise ayudar. Sé que te hace bien estar juntos y por eso lo sugerí. Pero está bien. Tomemos un café con tranquilidad y me contás qué pasó. Sospecho que también me interesa.

Conversaron por espacio de casi una hora, mientras el atardecer de esa zona de Buenos Aires los envolvía en las sombras y los ruidos de la *city* diurna se iban cambiando por los de la noche, con camiones de recolección de basura que explotaban a cada tacho que levantaban, el arrastre de las ruedas torcidas de un carrito de junta papeles, el taconeo nervioso de alguna prostituta corriendo a su parada y las luces de colores de los boliches que comenzaban a dar vida a otra ciudad.

La doctora Panencio conocía al Obispo desde más de diez años cuando él requirió de atención médica por un malestar estomacal. Sus vidas se habían enlazado casi inmediatamente. Ella había dedicado su vida solamente a su profesión, sin casarse, sin tener hijos y no tenía hermanos ni otros familiares cercanos. Su vida estaba circunscripta a su profesión.

El Obispo disfrazado le contó a la médica los últimos acontecimientos que le tenían preocupado. Ella le hizo algunas preguntas clave y dirigió la conversación sin que él se diese cuenta. Al hombre no le gustaba que le impusieran nada. Al menos cuando estaban en público. Otra cosa era cuando se encontraban sólos en la intimidad del departamento que el prelado pagaba y ella alquilaba a su nombre en la Avenida de Mayo esquina Tacuarí en el último piso de un edificio clásico con mansarda.

Después tomaron un taxi hasta el cruce de Avenida de Mayo y Avenida 9 de Julio. Desde allí caminaron una cuadra y al entrar el Obispo se colocó su sombrero para evitar ser reconocido por el portero, a pesar de que no esperaba ser asociado a su cargo eclesiástico, ya que sabía que el tipo era un ex militar que nunca se interesaba por otra cosa que no fuera el fútbol y las apuestas en carreras de caballos.

El interior del departamento estaba decorado con sencillez pero buen gusto. Alba se había preocupado de que fuera acogedor y no tuviese referencias a la identidad de Paolo. Nada refería a él. El mobiliario era moderno y de colores claros, las cortinas que cubrían los ventanales tenían *black out* para evitar la entrada de sol y además para impedir miradas indiscretas desde el edificio de enfrente, que tenía mayor altura. El amplio espacio de las habitaciones permitía la inclusión de muebles cómodos. Los sillones eran de color blanco con vivos rojos y las espesas alfombras de color bordeaux daban un ambiente acogedor. El bar estaba siempre aprovisionado de las bebidas que le gustaban al Monseñor y en un costado se podía ver un mueble rústico con excelentes vinos argentinos, chilenos, españoles y franceses.

Había una cocina que tenía todo lo necesario para su uso, aunque pocas veces se había ocupado. Ni el Monseñor ni la doctora gustaban de cocinar. Cuando querían comer, lo pedían a algún restaurante con entrega a domicilio.

El dormitorio era la habitación más cuidada en la decoración. La cama *king size* dominaba la estancia. El piso estaba totalmente cubierto con una gruesa alfombra de pelo largo que daba la sensación de caminar sobre plumas y las paredes estaban cubiertas con grandes ilustraciones de pinturas renacentistas que mostraban cuerpos desnudos. Un vestidor adjunto solamente contenía alguna mínima cantidad de ropas de ambos pero estaba completo en cuanto a trajes de fantasía e implementos accesorios como máscaras, látigos y guantes.

XIV

Uni escuchaba los ruidos de la tardenoche porteña desde su habitación en el hotel. No estaba acostumbrado a ruidos. En Rapanuí no había más ruidos que los del mar. En su casa, un poco alejada del centro de Hanga Roa y relativamente cerca del cráter del Rano Kau, a esta hora él oiría el mar rompiendo sobre las rocas. Nada más.

No imaginaba que se encontraba a escasos ciento cincuenta metros del apartamento de Monseñor Mantoveni y de lo que allí estaba sucediendo.

Sus pensamientos estaban con el Padre S.J. César Cancejo. Nunca hubiese pensado en conocer un cura que se dedicaba a la investigación criminal, para decirlo en los términos que él bien conocía. Había leído acerca de la Orden católica Compañía de Jesús y de su vocación educativa e investigativa pero había entendido que se dedicaban mayormente a las ciencias. Por otra parte, sabía que su fundador había sido San Ignacio de Loyola más o menos por mediados del siglo XVI. Ignacio de Loyola había sido militar y esa formación se veía en la organización que dio a su Orden, que tenía un Padre General como principal y estaba dividida en Regiones y Provincias. Una organización administrativa de tipo militar dentro de la Iglesia Católica y que siempre había tenido mucha influencia en el Vaticano, al punto que al Padre general se le llamaba el Papa Negro, por el color de la sotana que usaban sus integrantes, pero también haciendo referencia al poder que poseía. Sin embargo, nunca había habido un Papa jesuita.

Uni se asombraba de lo que era capaz de recordar de artículos que había leído en algún momento y que aparecía cuando lo necesitaba. No obstante, a la mañana profundizaría en internet para estar más al tanto.

En lo personal, el Padre César le había caído muy bien y estaba decidido a trabajar con él en este asunto. Además el cura sería de invalorable ayuda por sus contactos. Más que el Comisario Sebastiagui.

Sus pensamientos fueron luego al Monseñor Mantoveni. No le había gustado nada su actitud. La pedantería que demostró no era la esperada en un representante de la Iglesia. Sin embargo, nada hacía pensar que estuviera implicado en el caso pero el hecho de ser el jefe de la víctima lo hacía objetivo de la investigación. Debería conocer más del Obispo y el padre César ayudaría en eso. Además, las confidencias del cura aseguraban que el prelado estaba implicado fuertemente en la investigación que estaba llevando a cabo el equipo de la Compañía. Habría que ver qué tanto se relacionaba a su propia investigación. Uni se dijo que debería mantenerse firme en sus objetivos y no involucrarse en la cuestión eclesiástica. Que el Obispo estuviera siendo investigado por sus pares, no significaba que fuera sospechoso para el caso que él estaba dirigiendo.

En su llamado a la secretaría del Obispo para concretar una cita había logrado que Anabel lo incluyera en la agenda con diez minutos disponibles a las once y treinta de la mañana, así que debería informarse lo más posible sobre él en las horas que quedaban. Como no tenía sueño y tampoco contaba con conexión a internet en la habitación, decidió bajar al *lobby* del hotel, donde sí existía, a conectarse y ampliar sus conocimientos sobre el Obispo y de paso la Compañía de Jesús y el Padre César. Luego dormiría más tranquilo.

XV

A las once y quince Uni estaba entrando a las oficinas del Obispado y siendo recibido por Anabel, quien lo trataba muy bien y desde el primer momento había demostrado confianza en él. Seguramente estaba ansiosa por saber qué había sucedido con su amiga y pensaba que ese policía gordo y afable a pesar de su aspecto tosco, sería más eficiente que los federales de su país, tan denostados. Por eso la secretaria había presionado la agenda y eliminado una entrevista con un proveedor de plantas de interior que sabía que al Obispo no le agradaba para dar cabida al pedido de audiencia de Uni. Hasta esa hora Monseñor no había dicho nada al respecto, por lo que ella asumía que estaba de acuerdo, ya que lo primero que hacía era leer la agenda diaria y hacer los cambios que estimaba necesarios.

Recibió a Uni con una amplia sonrisa e invitándolo con un café mientras el Obispo terminaba una audiencia previa.

Uni se acomodó en uno de los sillones de la sala de espera y mientras bebía la infusión, observaba el trabajo de las dos mujeres y pensaba en las preguntas que haría al Obispo.

De pronto se abrió la puerta del despacho y salió un hombre de entre cincuenta y cinco y sesenta años, de estatura entre un metro setenta y un metro setenta y cinco, cutis claro y cabellos oscuros muy ralos que estaban peinados tratando de tapar la importante pelada que cubría la parte central de la cabeza. Vestía un traje oscuro y llevaba un maletín en su mano izquierda. Al salir rápidamente, saludó al pasar a Anabel con un "hasta luego" y se perdió en el pasillo que conducía a la entrada del edificio. Anabel quedó con el saludo de "hasta luego Diputado" sin que fuera escuchado por nadie más que Uni, a quien le llamó la atención que un legislador estuviera reunido con el Obispo.

Como se demoraba el llamado para que pudiese pasar, Uni decidió conversar un poco con la secretaria, que parecía más calmada en sus tareas.

- Disculpe Anabel, ¿sabe si Monseñor me recibirá inmediatamente?

- Si, Supongo que si. En unos minutos lo consulto si no llama antes. Cuando viene el Diputado Cortelazzi siempre queda con llamadas pendientes.

- ¿Diputado? Parece extraño. ¿Es frecuente que venga?

- Si. –dijo distraídamente la secretaria- son amigos desde hace mucho tiempo. Creo que fueron seminaristas juntos. Disculpe que yo le pregunte: ¿tiene alguna novedad de María Celia? –dijo como habiendo deseado que Uni le hablara para tener la oportunidad de preguntar.

- Por el momento no. Estoy tratando de recomponer su vida aquí. ¿Ustedes eran amigas?

- Una de mis mejores amigas, si no la única. Pasábamos todo el día juntas. Una excelente compañera de trabajo. Yo la quiero como una hermana. Desde que falleció mi mamá y quedé sola, ella fue un apoyo muy grande para mí. No puedo consolarme por su muerte. ¡Y en esas circunstancias! Quiero decir, lejos de su casa, de su madre.

- ¿Ella era la única religiosa aquí? Quiero decir, usted no es una Hermana también…

- No. Ni yo ni Cecilia somos religiosas. Creyentes si, obviamente. Pero no formamos parte de una congregación como María Celia.

- ¿Y cree que podría darme la oportunidad de compartir un café fuera de aquí para conversar? Le dijo sorpresivamente Uni, al intuir que la mujer estaba sola y podría ser de ayuda en la investigación. Además le caía muy bien y parecía que él a ella también.

Anabel se mostró sorprendida y se colorearon sus mejillas. Aparentemente se recompuso de la sorpresa y sopesó la propuesta. Miró a Uni y contestó:

- Me gustaría saber más de cómo murió María Celia.

- A mi también y sobre todo me gustaría saber cómo vivió. Entonces, ¿a qué hora la espero en la puerta? –dijo el policía con una sonrisa que sabía confiable.

- Salgo a las cinco y media de la tarde. Pero mejor nos encontramos en la confitería La Opera, de Corrientes y Callao, que queda cerca.

En ese momento sonó el teléfono y el Obispo autorizó el ingreso de Uni a su despacho, dejando a Anabel pensando en cómo había accedido tan rápidamente a la invitación del policía. Pero le parecía una buena persona y además ella deseaba saber más de la muerte de su amiga.

- Buenos días Inspector. ¡Adelante! –recibió el Obispo a Uni con una amplia y profesional sonrisa- Tome asiento, por favor. ¿Le puedo invitar con algo? ¿Un café, un té?

- Buen día Monseñor. No, gracias. Su secretaria ya me invitó. Llegué temprano…

- Perfecto. Eso me gusta. La gente que llega tarde a sus citas no es confiable. ¿Cómo lo ha tratado esta ciudad?

- Bien. Nunca había estado aquí y me parece espléndida.

- ¡Esa es la palabra! ¡Buenos Aires es espléndida! Una buena observación de su parte. Pero dígame…porque no ha venido a conversar de la ciudad…

- No. Lamentablemente no. No quisiera abusar de su tiempo pero necesito saber más del trabajo de María Celia con usted.

- Básicamente es lo que ya les dije cuando me visitó con el Inspector de la Federal. Ella trabajaba conmigo desde hace unos cinco años. Era la secretaria principal del despacho y de extrema confianza. Además de ser una devota religiosa que cumplía con todos los preceptos de su Orden, era una excelente secretaria. Gozaba de mi más absoluta confianza y manejaba los temas más delicados del Obispado. La voy a echar mucho de menos…

- ¿Sabe usted si tenía algún tipo de enfermedad?

- No que yo conociera. Nuestro trato, si bien muy cercano era solamente profesional, se podría decir. Ni siquiera era yo su confesor, aunque en ese caso tampoco podría haberle dicho nada más. Al parecer gozaba de buena salud. ¿Por qué lo pregunta? ¿Piensa que podría haber sido causa de su muerte alguna afección que tuviera?

- Si. Definitivamente. Pero como la causa tiene estatus judicial debemos investigar todo –dijo Uni tratando de que el Obispo se relajara y no se sintiera investigado.

- Lamento no poder ayudarlo más. La hermana María Celia se relacionaba conmigo de nueve a cinco y media. Su aspecto siempre fue muy saludable y no recuerdo que faltara nunca al trabajo por razones médicas.

- Le agradezco su disposición. Como le dije no creo que haya nada extraño en la muerte. Pero debo cumplir con los protocolos y contactarme con conocidos y familiares, sobre todo.

- Entonces, si no tiene más preguntas…

- No. Muchas gracias por su tiempo. Entienda que debía entrevistarme con usted ya que era el superior directo de la occisa –dijo Uni esperando que el religioso lo tomara como un policía burócrata que lo único que quería era sacar adelante su trabajo sin más complicaciones y pasear unos días por la ciuad a cargo del Estado chileno.

- No hay problema. Ojalá pueda terminar pronto con sus obligaciones y le quede tiempo para disfrutar y conocer esta hermosa ciudad. Si tiene cualquier otra consulta, le ruego que se comunique con la secretaría. Buenos días Inspector – dijo el Obispo, despidiendo con un gesto de la mano a Uni, quien salió del despacho convencido que el Monseñor tenía algo que ver con la muerte de María Celia. Debería compartir sus ideas con el padre César pero ahora tenía que asegurar la cita con Anabel para conocer más.

Al dejar la Vicaría ya sabía íntimamente que el Obispo estaba implicado de alguna forma y tenía la cita con la secretaria que le daría la oportunidad de saber más. Y quién sabe si no algo más…Anabel le resultaba atractiva físicamente y al parecer a ella no le disgustaba la reunión. ¡Todo podía suceder!

Caminó por la calle Junín hacia la Avenida Corrientes distante dos cuadras, pensando en encontrar un teléfono público para hablar con el padre César.

- ¡Iorana Padre César! ¿Dónde está? Acabo de reunirme con el Obispo y tengo una cita para esta tarde con una de las secretarias.

- Buen día Uni. Estoy en la Asociación Médica Círculo Católico. Conseguí la historia clínica de María Celia. Tenemos que reunirnos inmediatamente porque acabo de descubrir algo muy interesante. Lo espero en mi Parroquia a las dos de la tarde. Corto ahora porque estoy ingresando al laboratorio.

Uni quedó con el teléfono en el oído escuchando el zumbido de la línea muerta. El cura había resultado muy expeditivo y poco comunicador en el teléfono. Indudablemente se lo oía entusiasmado con su hallazgo.

Decidió ir a las oficinas de la Policía Federal para llamar al Juez Palakari, en la esperanza de que no se encontrara Sebastiagui. Era bueno que le hubiesen dado un pase especial para acceder al edificio y que quienes trabajaban allí supieran quién era y qué hacia. O al menos lo que ellos creían que él hacía. Algo similar a lo que le había dejado creer al Obispo. No le interesaba que los policías argentinos se metieran en su investigación. Nada más podían ayudar y él había decidido trabajar con el padre César.

Afortunadamente el Comisario no estaba en su despacho. Además, por ser la hora del almuerzo solamente se encontraba en el departamento de investigación un joven policía que lo observaba como una rareza y con cierta devoción. Tal vez por su porte y por su procedencia. Como fuera, a Uni le venía muy bien que no lo molestara mientras llamaba al Juez y lo ponía al tanto de la indagación.

- Está muy bien hijo –le dijo el magistrado- sigue por ese camino que es promisorio. No te preocupes por el tiempo que necesites. Ya te dije que estás absolutamente respaldado. ¿Te parece confiable ese sacerdote para involucrarlo?

- Creo que más bien él debería pensar eso de mí. En realidad él tiene más adelantado el caso que nosotros. Nos topamos con un asunto gordo, Señor Juez. Creo que esto sobrepasa la investigación de la muerte.

- Bien. Mañana llegará la madre a reconocer el cadáver y autorizaré el inmediato traslado. No tiene caso retenerlo más. Ya tenemos las pruebas forenses necesarias y no corresponde ahondar el dolor de esa mujer.

- Gracias por el aviso y la confianza, Señor Juez. Lo llamaré en cuanto tenga novedades.

Luego de llamar a su oficina para que comunicaran a su madre que estaba bien, salió a almorzar en un bar de las inmediaciones evitando el que había visitado con Sebastiagui que estaba atestado de policías.

A la una y media abordó un taxi en dirección a la Parroquia Santa María.

El padre César estaba esperándolo en su despacho y lo saludó afectuosamente, con camaradería.

- ¡Adelante Uni! ¡Bienvenido! Tenemos mucho de qué hablar.
- Iorana padre. ¿Tiene novedades de la clínica?
- Si. ¡No vas a creer lo que descubrí!
- ¡Suelte poh!
- Resulta que María Celia estuvo en la clínica antes de su viaje. Fue para hacerse un chequeo general y la atendió la doctora Alba Panencio.
- Si… lo sigo.
- El asunto es que esta médica no atiende pacientes regularmente. Su puesto es de Jefa de Laboratorio y Farmacia de la Clínica.
- No entiendo… ¿qué tiene de importante eso?
- ¿El Obispo le comentó si él había recomendado María Celia que fuese a verla?
- No. Es la primera vez que oigo de ella. Le pregunté por la salud de la hermana pero no me dijo nada. Solamente que se veía normal y que él no sabía nada de los detalles de vida de María Celia. Si hubiese recomendado algo, podría haberlo comentado.
- La doctora Panencio no estaba pero estuve hablando con una asistente que recordaba a la hermana. Me comentó que había estado charlando con ella mientras esperaba la consulta, unos días antes del viaje. Parece que Monseñor fue el que le recomendó ir a verla, según le dijo en ese momento. Al parecer María Celia no tenía conocimiento de que Panencio no atendía pacientes. De todas formas estuvo con ella en su oficina y cuando se fue saludó a esta asistente agradeciéndole. Es lo que pude saber. La copia de la historia clínica la voy a tener mañana pero ya la estuve viendo y no hay nada significativo. La hermana era

muy sana y no había concurrido con frecuencia. Solamente controles anuales de rutina.

- ¿Y hay registro de esa consulta?

- No. No hay registro. Al parecer la atendió sin dejar nada en la historia clínica.

- Entonces no sabremos qué sucedió, a no ser que la doctora lo comente.

- Así es. Me dijeron que hoy no iba a trabajar, que había llamado y que se encontraba indispuesta. Pero tengo su teléfono.

- Creo que sería alertarla. Mejor sería entrevistarnos con ella sin previo aviso. Me tinca que tiene algo que ver...

- Yo creo lo mismo. Si Mantoveni la recomendó por algo será. Tenemos que descartar el vínculo. O confirmarlo. ¿qué más obtuvo del Obispo?

- Nada más. Le dejé creer que solamente quiero completar la tarea burocrática de la investigación y me mostré como poco interesado. Al parecer quedó tranquilo.

- Bien. Eso es lo mejor. Debe pensar que no estamos tras él.

- Mientras esperaba en el despacho salió un tipo que es diputado. Había estado reunido con el Obispo y parecía molesto. Me dijo Anabel: "cuando viene el Diputado Cortelazzi el Obispo siempre queda con llamadas pendientes". Esta tarde voy a saber más porque tengo una cita con ella.

- ¿Una cita? ¡No pierde el tiempo el rapanui!

- No piense mal padre. Mi interés es profesional.

- Está bien –dijo el jesuita riendo- solamente bromeaba. Y creo que es mejor que nos tratemos ambos de tú. Me resulta más cómodo. ¿Puede ser? Somos colegas, ¿o no?

- Está bien –dijo Uni con una amplia sonrisa y agradecido de la propuesta del cura.

- Volviendo al diputado... ¿seguro que era Cortelazzi?

- No lo conozco pero eso fue lo que me dijo Anabel.

- Ese es un corrupto y que se vea con el obispo no es nada común.

- Me dijo Anabel que se conocen del Seminario de Villa Devoto.
- Pero parecía una visita frecuente, ¿no?
- Si. Eso parecía. Y también que alteraba de alguna manera al Obispo siempre que iba. De todas formas me atendió enseguida y sin problemas. Aunque no dijo nada interesante.
- Entonces algo tienen en común...habrá que ver. Ese Cortelazzi está vinculado a los canales de distribución y lavado de dinero. Dinero mal habido por miembros del gobierno en sus enjuagues y coimas. Este país está muy podrido, Uni.
- No creas que es el único. Casi se puede decir que es una lógica actual.
- Si. Pero nada como esto. Te lo puedo asegurar.
- ¿Y el Obispo estará involucrado?
- Es lo que estamos sospechando. Pero es muy difícil de probar. Aunque nuestra justicia no pase por los Juzgados...por el momento. El Santo Padre quiere sanear y lavar los trapos sucios en casa.
- A mi me interesa resolver el homicidio. Si sale cualquier información que te sirva, será tuya.
- Por eso estamos trabajando juntos. Además de que también quiero resolver la muerte de María Celia.
- Veamos que tenemos: María Celia murió por ingestión de toxina botulínica. Eso está probado. Lo que me cuesta entender es que solamente uno de los comprimidos estaba envenenado. ¿sabía el asesino que iba a tomarlo?
- Yo creo que si. ¿Cuál era el comprimido con la toxina? quiero decir... ¿en qué parte del *blíster* estaba?
- Era el primero de la izquierda.
- La hermana era una persona muy estructurada, muy ordenada y metódica. Quien puso ese comprimido allí sabía que lo tomaría primero. En orden. El primero de la izquierda es el primero.
- No había pensado en eso. Bueno...no conocía a la hermana...
- Te lo puedo asegurar.

- Entonces hay que pensar en su círculo más cercano. ¿Quién estaría interesado en su muerte?
- No se me ocurre. Primero debemos conseguir un motivo. Y no veo ninguno.
- Veremos si Anabel puede ayudarnos…
- Ojalá.

XVI

- Mantoveni está asustado.
- ¿Quién te dijo?
- Él mismo. Estuve con él ayer en una reunión reservada y en la Vicaría hoy. Me parece que no quiere seguir con el acuerdo.
- ¿Te lo dijo expresamente?
- No. Pero está asustado por la muerte de una de sus secretarias. Sospecha que tiene vinculación con él. Al parecer la envenenaron.
- Bien. Como primera medida suspendé las visitas a la Vicaría. No quiero que mi Diputado sea visto por ahí. ¿Entendés? Con lo otro ya veré qué hacemos.

La mirada de Casales no dejaba margen de duda sobre lo que quería decir. El Diputado era de su propiedad o al menos así lo sentía él. Por otra parte, no se le cruzaba por la mente que el Obispo paralizara las actividades que habían comenzado. También ya era parte de su propiedad.

Casales sabía que su poder sobre el Diputado era total. Tampoco le preocupaba mucho que el Obispo dudara de su arreglo, ya que no podría salirse. Tan seguro estaba. Su poder estaba demostrado. No había peón del puerto, portero o empresario de Puerto Madero, repartidor de supergas, fletero o recolector de basura que no temiera su poder.

Desde muy joven había empezado a crear ese poder. Cuando Francisco "Quito" Casales tenía diecisiete años y era un adolescente que concurría al Colegio Sarmiento en la calle Leandro N. Alem de San Isidro, sus compañeros sabían que él tenía poder.

Se había criado acompañando a su padre que trabajaba como cuidador de caballos de carrera en el hipódromo de San Isidro. Desde los cinco años Francisco frecuentaba las reuniones de los peones de stud, compartiendo vivencias con ellos, quienes lo tomaban casi como una mascota. Lo llamaban "Quito" –tal vez por Francisquito- y se reían de sus ocurrencias y bromas. Su padre era alcohólico y muchas veces el niño quedaba al cuidado de estos peones, que, cuando el padre se emborrachaba, lo llevaban a su casa, donde la madre lo esperaba. Ella se preparaba después para la llegada del marido borracho que la agredía las más de las veces, ya fuera con dichos o hechos. El pequeño Francisco sufría estas escenas y por lo tanto estaba acostumbrado a la violencia desde muy chico. No obstante su personalidad era alegre y tenía un carisma especial que le hacía centro de atención de los lugares a los que concurría.

Era un niño muy inteligente y que aprendía rápido en la escuela. Siempre le gustó estudiar porque decía que él no sería un peón como su padre. Al pasar a la educación secundaria era mucho más maduro que sus compañeros. Desde los primeros años ya había comenzado a dominar su grupo y el entorno. A la puerta del colegio había un señor mayor que vendía golosinas y galletitas. Francisco comenzó a amenazar a sus compañeros y alumnos más pequeños para impedir que le compraran y una vez que el viejito vio menguadas sus ventas, lo extorsionó para que le diera un porcentaje a cambio de "autorizar" a los compradores. Así había comenzado a hacer su fortuna.

Terminó la educación secundaria e ingresó a la Facultad de Economía, donde cursó solamente primer año. El volumen de sus negocios ya le impedía estudiar.

Sus conocimientos en el mundo del hipódromo, las carreras, las apuestas y el ambiente de los peones le habían dado las bases para sus emprendimientos. Comenzó a invertir unos pocos pesos en fardos de alfalfa para los caballos, que revendía con buena ganancia. Al morir en un extraño accidente el dueño del camión fletero que los traía de la Provincia, se hizo del vehículo mediante una compra casi obligada a la viuda y única heredera y agrandó su negocio. Cuando tenía diecinueve años ya poseía quince camiones de fletes varios.

Su sistema era poner a nombre de algunos amigotes los camiones y crearles empresas unipersonales que por su escasa facturación evitaban el pago de impuestos y por lo tanto carecían de control oficial. Por supuesto que a esos testaferros ni se les cruzaba por la mente intentar engañar a "Quito", ya que conocían de lo que era capáz. En una oportunidad uno de ellos trató de obtener más ganancias para sí realizando fletes que no rendía al patrón. Quito de enteró y el pobre tipo apareció en una cuneta con las dos piernas quebradas a la altura de las rodillas.

Por esa época conoció a un boliviano que traía cocaína de su país y comenzó a ser su distribuidor. Su aspecto de joven elegante se sumaba a su educación e inteligencia, lo que le permitió vincularse con gente de la alta sociedad porteña y ser su vendedor exclusivo. El dinero de la droga lo lavaba en sus empresas fleteras, ya que no contaban con control impositivo estricto y era fácil repartir los movimientos entre ellas.

Cuando los negocios fueron creciendo, comenzó a gestionar camiones recolectores de basura, lo que además de ser un buen negocio en sí mismo, le permitía blanquear el dinero de la venta de drogas, que por otro lado seguía creciendo. A la vez, había establecido y fortalecido sus vínculos con la clase política, muchos de cuyos integrantes eran sus clientes para droga.

A velocidad meteórica había crecido su fortuna y actualmente gestionaba una red de fleteros que trabajaban en todos los barrios de Buenos Aires, poseía camiones recolectores de basura en tres municipios de la ciudad, los que había colocado a través de licitaciones digitadas con sus amigos políticos; una veintena de sus taxis legales y otros tantos falsos recorrían la ciudad diariamente; también controlaba varias empresas constructoras pequeñas aportando mucho dinero a sus arcas y permitiendo blanquear dinero. Todo en forma de unipersonales más o menos grandes pero con poco control oficial.

Además de eso, había desarrollado una red de merenderos y ese era su negocio estrella por lo original. Los gobiernos populistas de Argentina daban dinero para que algunos gestores locales de su confianza manejaran esos comedores para los pobres. Casales comenzó a colocar a su gente –algunas de las esposas de sus choferes o albañiles que vivían en esos barrios necesitados- para que aprovecharan las dádivas estatales. Como en los comedores no se llevaba una contabilidad estricta, podían aparecer donaciones de "empresas fantasma". Con ese dinero se pagaban insumos, fletes y traslados a empresas de Casales aunque nunca se realizaran. En una primera mirada parecería que ese sistema no pudiese blanquear mucho dinero pero la suma de todas esas actividades dejaba para Casales una fortuna.

Como negocios propios –o sea que figuraban a su nombre- poseía una red de ocho estaciones de venta de conbustibles y cinco empresas de venta de autos usados. Por supuesto que estas dos actividades también le permitían blanquear dinero, ya que era casi imposible definir los costos y seguir las transacciones.

Por supuesto que contaba con un pequeño ejército de "soldados" que además de cuidar sus propiedades personales eran los encargados de llevar al "buen camino" a quienes pretendían salirse de su protección.

Por último, un pequeño bufete de abogados y contadores trabajaba para él y sus relaciones políticas cuidaban sus intereses a cambio de las abultadas contribuciones a sus campañas. Por supuesto que exigía documentos de recibo más abultados aún.

El negociado con el Obispo se basaba en la construcción de un centro de acogida para madres solteras y niños huérfanos que la Vicaría impulsaría. Para eso había recibido un fondo básico del gobierno –que el Diputado Cortelazzi gestionara- y que sería pagado en entregas semestrales que irían acompañando las obras. Además, recibía donaciones anónimas y de empresas. Por supuesto que todas de Casales.

El método empleado, que hacía que del erario salieran partidas fraccionadas, permitía que los funcionarios aquejados de una importante desidia burocrática no controlaran adecuadamente y esas entregas se realizarían casi *ad infinitum* con los buenos oficios del Diputado y sus dirigidos.

Se trataba de un complejo ubicado en las cercanías del aeropuerto de Ezeiza donde antes había funcionado una fábrica de baterías para autos que fuera propiedad de un anciano húngaro fallecido. El hecho de que esos terrenos estuvieran envenenados con plomo había permitido comprarlo por un precio irrisorio. Además de que los empleados de Casales habían extorsionado a los hijos herederos para que tomaran esa decisión. Obviamente, los contadores hicieron aparecer otras cifras en la documentación de compra-venta.

Todas las empresas que participaban en la construcción - proveedoras de materiales, constructoras, transportistas, de retiro de escombros y hasta la que aportaba la comida para el personal- eran propiedad de Casales a través de sus testaferros.

El complejo constaría de treinta casas donde vivirían las mujeres y los niños en ambiente familiar, una escuela, un centro hospitalario y un gimnasio cerrado para actividades deportivas en invierno. Todo en medio de un parque arbolado que tendría un lago central. Acogería a más de un centenar de niños y alrededor de veinte madres solteras, que podrían permanecer por espacio de un año y más tiempo los niños según su edad.

El Contador que administraba la obra pertenecía a su bufete y los pagos de servicios permitían un sistema que funcionaba diariamente y que permitía entrar dinero sucio y sacar dinero limpio. Una perfecta maquinaria de ingeniería económica.

Una vez terminada la obra, seguirían las ampliaciones y la gestión del funcionamiento permitiría no parar el sistema. Eso haría del emprendimiento social un negocio permanente. Casales ya estaba pensando en que se podría crear una red de prostitución mediante la manipulación con drogas de algunas mujeres y niñas huérfanas.

Por su parte, para el Obispo significaba lograr una obra social impresionante que ante los ojos de sus superiores mostraría su capacidad para ocupar cargos cada vez mejores en la estructura eclesiástica. Él soñaba con ser Cardenal y vestir la capa púrpura. Asimismo compartía con Casales ganancias en efectivo, ya que sobre la base del acuerdo establecido, parte de las donaciones era derivado a sus cuentas bancarias personales en varios bancos de Uruguay.

En esa tarde lluviosa Cortelazzi salió de las oficinas de Casales en Puerto Madero convencido de que su futuro estaba asegurado. Su sociedad con el mafioso era fuerte y él sabía que era un importante engranaje en su estructura. Su posición de contacto con el Obispo le permitiría estar presente en lo que se convertiría en el mayor y más duradero negocio de la empresa.

XVII

La entrada de Uni al salón de la Confitería fue seguida por las miradas de varias señoras que tomaban el té a esa hora. Claramente era extraño que una persona tan corpulenta y tosca, como era el aspecto del rapanuí, ingresara a ese local tan fino. Su mirada recorrió el lugar y encontró la de Anabel. Sintió un nudo en la entrada del estómago y se dijo que eso no era normal en él.

- Iorana Anabel –saludó en su rapanuí natal mientras se sacudía los hombros con sus manotas para retirar las gotas de lluvia de la chaqueta.

- ¡Iorana!. Me gusta mucho esa expresión. Me gustó desde el inicio, cuando ayudé a María Celia con el aprendizaje de las costumbres y expresiones de su pueblo antes de que se fuera de viaje – dijo la muchacha con los ojos brillando.

Uni pensó que Anabel tenía algo muy diferente a cómo la había visto antes en la Vicaría. Se había soltado el pelo que caía sobre un costado de su cara en una leve cascada rojiza. Su cabello tenía un color entre rubio y rojizo y parecía ser natural. Se había cambiado la blusa y la que tenía puesta ahora era de un blanco nieve, muy blanco. Lo que hacía resaltar el color del cabello y los ojos color miel. Además, la blusa permitía entrever los pechos bien formados, ya que un par de botones estaban desprendidos.

La sonrisa le invitó a sentarse y los ojos le dijeron a Uni que lo que ella veía era de su gusto también.

- Es el saludo rapanuí. Quiere decir "hola" –dijo el hombrón con cierto embarazo, a la vez que pensaba nuevamente en que se sentía bastante tonto y que eso no era normal en él.

- Si, lo sé. Fue lo primero que aprendimos.

- Si…seguro.

- ¿Cómo estás Uni? ¿puedo tratarte de "tu"? Ya no estamos en la Vicaría y las formalidades podríamos dejarlas un poco de lado.

- Por supuesto –dijo Uni todavía un poco sorprendido por el comportamiento de la joven. Debía tomar el control de sí mismo y llevar la conversación si quería averiguar algo y no quedar como un estúpido.

- Recién había llegado, así que no he querido pedir nada. ¿tomamos un café o algo más interesante, mejor?

- Lo que tú desees. Aunque estaría bien alguna cosita más interesante, ¿no? Lástima que aquí no haya Pisco Sour.

- No. Seguro que no hay. Pero podemos pedir un trago parecido. Algo con Ron.

- Lo que tú creas mejor. No es mi fuerte la elección de tragos.

- OK. Entonces yo voy a pedir un Daikiri de frutilla y te recomiendo que pruebes un Cielo azul, que tiene Curaçao Azul y es exquisito.

- Realmente no me atraen mucho los tragos dulces. Prefiero solamente un Ron Cola –dijo Uni escapando de lo que se imaginó algo muy extraño.

- ¡Perfecto! -dijo la secretaria del Obispo y se rió con ganas mostrando sus dientes perfectos. Tan perfectos y blancos rodeados del color labial rojo fuerte, que Uni pensó que hasta ese momento no se los había visto. ¡Cómo había cambiado esta dama fuera de la Vicaría!

Una joven se había acercado para recibir el pedido y Uni retomó su dominio. O él así lo creyó, aunque después analizando el momento se vio ridículo.

- Por favor, un Daikiri de frutilla para la dama y un Ron Cola para mi. ¿…y quieres algún piqueo? – dijo dirigiéndose a Anabel.

- Puede ser una leve tabla de quesos.

- Bien. Una leve tabla de quesos, entonces.

Cuando la dependiente se retiró miró a la mujer y con cara de asombro preguntó:

- ¿Leve? Nunca se me hubiese ocurrido nombrar así a una tabla de quesos.

- ¡ja ja! es así como le llaman en este lugar a una picada pequeña de quesos. Lo que sucede es que he venido antes. A veces veníamos con María Celia al salir del trabajo.

- ¿Con la Hermana?

- Si. No es nada raro, ella era muy libre y a pesar de cumplir con sus deberes con la Congregación sabía disfrutar la vida. En los límites adecuados, por supuesto.

- Si. Por supuesto. A propósito de lo que sucedió a María Celia... ¿cómo te sientes con todo esto? Quiero decir...estarás sorprendida...

- Si. Ha sido horrible. Nunca hubiésemos pensado que iba a terminar así. Ella era muy ordenada en todo, muy cuidadosa, excesivamente metódica y meticulosa.

- No entiendo...no murió por ser desordenada.

- No. Quiero decir que el que haya decidido hacer el viaje ya fue sorpresivo.

- Pero me acabas de decir que le gustaba vivir la vida, dentro de los límites. Y según sé estuvo preparando el viaje durante bastante tiempo. Sin sorpresas.

- Bueno, si...en realidad es así...no quise decir eso...

La sensación de que Anabel estaba dándose cuenta de que había dicho algo inadecuado le permitió a Uni volver a su rol de policía con un objetivo. No debería dejarse llevar por el espectáculo que era Anabel con esa ropa, esa sonrisa recién descubierta y con su Daikiri en las manos de uñas perfectamente cuidadas. No. No debería...

- ¿María Celia tomaba medicamentos regularmente?

- No. ¿Por qué lo preguntas? ¿Encontraron medicamentos entre sus cosas?

- No. Simplemente es para descartar alguna pregunta que me hizo el médico forense de la isla. Ya sabes que tengo que terminar este tedioso relevamiento de confirmaciones –dijo Uni para hacer pensar a la mujer lo mismo que al Obispo. Debería saber por qué ella asociaba la muerte con la ingestión de medicamentos.

- Nunca la vi medicarse. A no ser algún analgésico. Y eso muy pocas veces.

- No importa mucho en realidad. Conversemos de otra cosa. ¿Crees que su mamá ya habrá regresado? Me gustaría hablar con ella también.

- Supe que llegaría mañana a la mañana. Probablemente irá a su pueblo para sepultarla, pobrecita. Además, a ella no le gusta Buenos Aires.
- Pero... ¿no pasará por la Congregación? ¿no tendrá cosas de su hija allí que le interese conservar?
- Es posible. Puedo llamar mañana a primera hora y consultar, si quieres.
- Por favor, sería muy bueno. Yo te llamaré a las 10 para saber. ¿Está bien?
- Perfecto. Pero ya que hablamos de la investigación... ¿podemos hablar de ti?
- No me gusta hablar de mí. Es poco interesante.
- No creo lo mismo. A mi resulta muy interesante. Me parece genial que hayas nacido en esa isla en medio de la nada del Océano Pacífico, tan aislada, tan lejana de todo. En medio de una sociedad tan pintoresca...
- No es tan así. Hay mucho de promoción turística en todo eso que crees. Aunque es cierto que tenemos un estilo de vida bastante diferente. Pero eso pasa siempre, ¿o no? según quién sea el que mira. Por ejemplo, para mi tu estilo de vida es muy diferente, casi extraño.
- Me aburro mucho. No creas que es divertido.
- No digo eso. Sólo que es muy extraño para mi. Una secretaria de un Obispo en esta impresionante ciudad. Debe ser una vida emocionante.
- Nada que se parezca a eso. Mi vida es muy aburrida. Y no tengo tiempo para disfrutar de esta ciudad ni de lo que ofrece. Si te contara...
- Me gustaría escucharlo.

La conversación se fue haciendo más íntima y Anabel se mostró como una relatora muy graciosa. Eso y la imagen de mujer fogosa que Uni veía fueron llevando a que sus confidencias se transformaran en vivencias mutuas. Ella sabía cómo hacer que él se sintiera partícipe de la vida que le contaba.

A Uni no le dio la impresión de que la vida de Anabel fuese aburrida, aunque sí rutinaria. Por eso le propuso romper un poco la rutina y acompañarlo a cenar en otro lugar que ella eligiera. A esa altura la dama lo tenía subyugado. Y ella era conciente de eso.

La cena en "Chez Pierre Philipe" de Puerto Madero fue seguida de una corta caminata por la costanera y cuando sus manos se enlazaron y minutos después sus labios se unieron en un beso lleno de pasión, Uni atajó un taxi y sin consultas le dio la dirección de su hotel.

Anabel sonreía satisfecha en la oscuridad del coche de alquiler.

XVIII

Aquel viernes 16 de marzo amaneció nublado en Buenos Aires. El Padre César se levantó muy temprano para sus oraciones y cumplir con los deberes en la Parroquia y luego se dirigió al aeropuerto de Ezeiza en su auto.

La espera se le hizo larga. El vuelo LA455 estaba demorado y su ansiedad se acrecentaba a medida que pasaban los minutos. Su presencia en el aeropuerto se debía a que en ese vuelo llegaría la señora Celia desde Chile y en el mismo avión el cadáver de María Celia. Él había estado en contacto con la mamá para coordinar los trámites de repatriación. El Obispo Mantoveni lo había comisionado para que se encargara de eso teniendo en cuenta su amistad con la religiosa. Por otra parte, el obispado pagaría los gastos, que excedían las posibilidades de la humilde señora.

Mientras esperaba, se había instalado en uno de los pequeños barcitos y tomaba un café mirando distraídamente los movimientos de las personas dentro de la terminal aérea. Observando su entorno, se dio cuenta que en una de las puertas de salida había un problema debido a una camioneta de fletes que pretendía permanecer más tiempo del permitido en el lugar. No le llamó la atención que el chofer le diera dinero al guardia y el problema quedara resuelto. "Así es como mal funciona este país", pensó.

Cuando finalmente anunciaron el aterrizaje del vuelo, se dirigió a la zona de salida de los pasajeros. Ya había coordinado con una empresa fúnebre para que retirara el ataúd de la zona de cargas y la señora Celia solamente debería recibirlo en la sede central de la empresa. De esta forma se le aliviaba el mal momento y la realización de trámites. Ya que el Obispado pagaba, él no había tratado de ahorrar nada de dinero.

Celia se veía destrozada. El hecho de haber tenido que hacer el viaje para reconocer judicialmente el cadáver de su hija estaba más complicado por ser su primer viaje en avión, tener que cruzar la Cordillera y además hacerlo sin compañía. César hubiese querido acompañarla pero no había sido posible y tampoco que viajara alguna religiosa de la Congregación. Gracias a Dios, el Juez de Isla de Pascua había enviado el cadáver a Santiago para la autopsia y ella no había tenido que llegar hasta Rapanuí.

Al salir de la zona de embarque el cura la abrazó largamente mientras ella sollozaba descargando su tensión.

- Gracias Padre – musitaba la mujer.

- Tranquila Celia. Ya pasó lo peor. No tiene que preocuparse por nada más. Tranquila.

Una vez que la mujer se calmara comenzaron a caminar hacia la salida y luego al estacionamiento donde el Padre César tenía su auto.

Instantes antes de pagar el ticket en la cabina sonó su celular. La llamada era del encargado de la funeraria, quien le decía que lamentablemente y sintiéndolo mucho, la señora Celia debería dirigirse a la zona de cargas pues era necesaria su firma en unos documentos. El cura se aseguró de entender la forma de llegar y comunicó la mala novedad a la señora, que ya resignada dijo que cuanto antes salieran de eso, mejor.

A fin de trasladarse hasta el lugar, fueron a buscar el vehículo del Padre, ya que la zona de cargas del aeropuerto se encontraba demasiado lejos para ir caminando con la maleta.

Una vez arribados a la oficina donde esperaba el encargado de la funeraria el trámite fue rápido y luego se hizo posible que acompañaran el coche fúnebre hasta la funeraria.

La salida del aeropuerto hasta tomar la autopista fue expedita pero una vez llegados a esta vía, el tránsito se tornó un poco más lento. A César le pareció extraño pero distraído en la conversación de Celia que para aflojarse le contaba sus impresiones de Santiago de Chile, solamente se preocupaba de pilotear en el tránsito.

Al llegar a unos dos kilómetros del aeropuerto el tránsito se detuvo casi totalmente. Delante de ellos iba el coche fúnebre con el cadáver de la hermana María Celia.

Todo sucedió repentinamente. El cura vio que se acercaba a toda velocidad por la banquina derecha y marchando en reversa la camioneta de fletes que había visto estacionada en la puerta de salida del aeropuerto. En ese momento reaccionó tratando de salirse de la ruta por el otro lado y avanzar por la banquina izquierda pero esa maniobra fue bloqueada por un vehículo que intentaba lo mismo y a la vez fue chocado por otro que embistió la camioneta en su marcha.

Celia gritaba y el cura no podía sino reaccionar por instinto ya que no había tiempo de pensar. Alcanzó a ver que de la camioneta descendían cuatro hombres con armas en las manos y solamente logró gritarle a la señora que se tirara abajo, de forma de no ser visible y de paso que el motor la protegiera de una posible balacera. Él quedó semi agachado y comenzó a descender por su lado protegido.

Los hombres armados encañonaron al chofer de la funeraria y lo obligaron a bajar, tomando ellos el control del vehículo.

Todo sucedió muy rápido y los asaltantes sacaron hacia la derecha el coche funerario que se ubicó detrás de la fletera, mientras salían embistiendo a los vehículos que se interponían parcialmente.

Al ver estas maniobras, César subió nuevamente a su auto y circulando por la izquierda trató de seguirlos, lo que no logró por el atasco. No obstante alcanzó a ver la matrícula de la camioneta y que a poco de recorrer unos cuarenta metros, salió de la autopista tras embestir una barrera y tomar un camino lateral, lo que le permitió alejarse rápidamente. Al mismo tiempo, un gran camión de transporte de cemento que bloqueaba la autopista unos cincuenta metros adelante, comenzó a moverse y desapareció a gran velocidad.

Lo que sucedió a continuación estaba borroso en la memoria del cura. Los vehículos que estaban más adelante, cerca del camión que obstruía el tránsito, se comenzaron a mover y despejaron la ruta. Los que se encontraban más cerca del coche fúnebre continuaban detenidos por los choques provocados. Algunos trataron de retirarse para no verse envueltos en declaraciones policiales. El chofer de la funeraria caminaba en círculos por la banquina evidentemente choqueado por la experiencia vivida y el Padre César se ocupaba de la señora Celia que seguía acurrucada en el piso del auto.

- ¡Celia! ¡Reaccione! La necesito conmigo. Ya pasó todo.

Pero la mujer sollozaba y gemía asustada. En ese momento el cura cayó en la cuenta de que ella no había podido ver que robaban el cadáver de su hija. Así que trató de sacarla del auto y llevarla hacia atrás para que no viera que no estaba el coche fúnebre.

- ¿Se la llevaron, verdad? – dijo la señora.
- ¿Cómo dice?
- ¿Se la llevaron? Me lo habían dicho.
- ¿Cuándo? ¿Qué le habían dicho? ¿Quién?

- Me llamaron antes de ir a Chile. Me dijeron que no soñara con volver a ver el cadáver de María Celia.

- ¿A quién le comentó esto?

- A nadie. Creí que era una broma de mal gusto y estaba muy alterada para pensar en eso. Después pasó todo tan rápido que no recordé más esa llamada.

- Celia. Tenemos que salir de aquí. Suba al auto.

La vía se había despejado y el cura buscó rápidamente salir de la autopista, dirigiéndose a su Parroquia por caminos laterales hasta que se alejó del lugar del incidente. Mientras tanto, llamó por teléfono al chofer del coche fúnebre y le dijo que aguardara a la policía y, si preguntaban, les dijera que él había llevado a la madre de la religiosa a un centro médico porque estaba lesionada. Nada más. El hombre estaba recuperándose y entendió. Eso le daría tiempo a César de salir de la zona, ubicar a Uni y poner a salvo a la mujer.

El policía rapanuí no se encontraba en su hotel y le dejó el mensaje que fuera urgentemente a la Parroquia en cuanto llegase.

IXX

La llegada de Casales a la Vicaría coincidió en horario con la de Uni a la Parroquia del Padre César. Ambos tenían mucho interés en la reunión que iban a mantener con sendos representantes de la Iglesia Católica, aunque los contertulios, las circunstancias y sobre todo la estatura moral del cura involucrado, eran muy diferentes.

- ¡Al fin, rapanui! ¡Creí que la pelirroja te había secuestrado!

- ¡Ja, ja! No. Estuvo cerca pero no -contestó Uni sonriendo y recordando la noche de sexo con Anabel que le había parecido desenfrenada. Nunca hubiese pensado que esa secretaria de Obispo tuviera esos gustos en la cama. ¡Hasta él se había sorprendido! Y por supuesto que le había parecido un poco violento el asunto.

- Bueno, eso no me interesa por ahora. Ya te comenté lo que nos pasó en el aeropuerto.

- Si. Ya hablé con Sebastiagui y tiene a toda su gente en esto.

- Yo también hablé con él luego que hicimos la denuncia en la Comisaría con la señora Celia. A propósito, le tuve que dar un calmante y está acostada en uno de los dormitorios de la parroquia, vigilada por la Hermana Francisca que era compañera de María Celia. Sabés que me dijo Celia que antes de viajar a Chile la habían llamado y le dijeron que nunca vería el cadáver de su hija. Ella pensó en una broma en ese momento y además con el estrés del viaje no lo comentó con nadie.

- O sea que los secuestradores hablaron con ella... ¿dio algún dato como para identificarlos?

- No. Nada. Sólo que era una voz de hombre. ¿Te dijo algo más Sebastiagui?

- Que estaban rastrillando algunos lugares que sospechaban. No debe ser muy sencillo esconder un ataúd –opinó Uni pensando en su entorno isleño.

- No te creas. Buenos Aires es muy grande y recordá que ese ataúd está preparado para mantener el cuerpo en cualquier condición. Está sellado. En cualquier lugar se puede guardar, un depósito de chatarra, un taller mecánico, no sé… cualquier lado.

- La policía tenía algunas pistas del posible destino a partir de declaraciones de testigos que vieron el coche fúnebre y la camioneta que arrastraba un paragolpes.
- Eso debe haber sido cerca de la autopista. No creo que hayan seguido juntos.
- Probablemente no.
- Yo puse en funcionamiento una pequeña red que tengo y me han dado algunos datos interesantes.
- Dime.
- El sector de búsqueda está centrado en la zona de La Matanza, donde está la Villa 15. ¿Sabés lo que son las Villas? Ante el gesto negativo de Uni, el cura explicó:
- Son asentamientos irregulares donde la gente construye sus casas, sin mucho control y se van formando barrios casi sin servicios. Algunos como la Villa 15 tienen muchos años de existencia y son grandes. ¿No viste la película "Elefante Blanco"? la filmaron en esa Villa. Bueno, lo que importa es que esa Villa está a unos veinte minutos del aeropuerto y es el lugar ideal para esconderse.
- ¿Pero te dieron un dato preciso o es intuición?
- Es un dato cercano. En esa zona estarían.
- Bien. ¿Y qué hacemos?
- Vos y yo, nada. Mis amigos están trabajando. Uno de ellos, Juan Ramón tiene una radio comunitaria allí y es el que coordina todo.
- Me das un poco de miedo, curita –dijo Uni sonriente, asombrado de que un sacerdote pudiese manejar esas redes.
- De todas maneras, debemos buscar la forma de hacerle llegar a Sebastiagui la información. O por lo menos intentar saber si están en el mismo rumbo.
- Ya lo llamo –dijo Uni y tomó el teléfono del escritorio de César.
- Pero no le digas qué cosas sabemos. Sólo verificar.
- Si, tranquilo.

Mientras tanto, no lejos de allí, el mafioso Francisco Casales era recibido por el Obispo Mantoveni en su sala privada, con una pequeña colección de bebidas importadas, para departir un poco antes de la cena.

- Me alegra mucho que haya podido aceptar la invitación, estimado amigo –dijo el prelado exagerando la adulación- sus ocupaciones empresariales son muchas y es un gran honor que me pueda dedicar este tiempo.

- Los amigos están por delante de los negocios, Su Eminencia. ¡Siempre!

- Por favor, entre amigos no es necesario ese tratamiento institucional, Francisco – dijo el Obispo lleno de alegría que lo trataran asi.

- Y dígame Paolo… ¿se supo algo más de las causas de muerte de su secretaria?

- Yo no he sabido nada. Y me tiene muy nervioso lo que puedan estar haciendo esos policías. ¿Sabes que hay uno de la Isla de Pascua que anda por aquí indagando? Hoy llegaba la madre de la Hermana con el cuerpo desde Chile.

- No se preocupe. No van a poder saber nada – afirmó el otro enigmáticamente.

- Lo único que quiero es estar tranquilo para poder hacer el bien a mis pobres. A propósito, ¿cómo va la gestión para habilitar el terreno del Hogar?

- No pierde el tiempo, Obispo. ¿pero no quiere saber lo que me enteré de la finadita?

- Ya le dije. Prefiero no saber nada de eso.

- Creo que le conviene, Padre. Le conviene.

Y a partir de ese momento, el Obispo Paolo Mantoveni se vio obligado a tomar conocimiento de lo que quiso decirle el mafioso sobre el secuestro del cadáver, con el único objetivo de hacerlo cómplice y evitar que las pretensiones económicas del cura corrupto se subieran más de lo conveniente.

XX

A las ocho de la mañana del día siguiente al secuestro, la llamada en el celular del Padre César provenía de un número sin identificar y él atendió como sabiendo quién era.

- Hola Juan Ramón. ¿tenemos alguna novedad?... si...Yo creo que si... podemos esperar... avísame en cuanto haya movimientos pero no hagan nada, no quiero que se arriesguen. Un abrazo.

- ¿Era tu contacto? –preguntó Uni que se había levantado temprano para ir al despacho del sacerdote a tratar de localizar el cadáver de la hermana.

- Si. Ubicaron en una casa rastros de la camioneta. Un farol caído a la entrada del garaje. Y una vecina vió que ayer ingresaba con algo grande tapado con una lona. Siguen vigilando y nos van a tener al tanto. Me parece que hay que guiar a Sebastiagui hasta allí. ¿Te podés encargar?

- Por supuesto, cuando hablé con él hace un momento me dijo que estaban orientados a esa zona, así que será cosa de encaminarlos. ¿Cómo le explico que obtuve el dato? No se va a creer que soy tan bueno investigando. Y menos en un lugar desconocido.

- Decile que yo recibí un llamado de un amigo. Él sabe que me muevo por esa zona y no le va a extrañar que haya preguntado por ahí.

A continuación el cura le dio a Uni los datos de la casa y llamó a Juan Ramón para advertirle que llegaría la Federal y que se mantuvieran al margen y a salvo. Él sabía que sus amigos eran gente *non sancta* y si bien no eran delincuentes peligrosos, tenían algunos negocios fuera de lo común y le interesaba cuidarlos.

La llegada de Sebastiagui y sus hombres a la Villa 15 no pasó desapercibida por los pobladores a pesar de que conducían vehículos comunes y los que entraron a pie lo hacían camuflados como obreros comunes. Por eso, cuando se aproximaron a la casa del Pepe -como se conocía al fletero que era su propietario- la encontraron completamente cerrada y sin señales de vida.

Uno de los agentes más jóvenes, en su inexperiencia y empeño por ser apreciado, se acercó a una de las ventanas para intentar observar hacia adentro y lo que siguió fue un infierno. El disparo de escopeta le dio en el medio del pecho y lo escupió hasta el medio de la calle, donde quedó sin conocimiento y desangrándose levemente gracias a que llevaba puesto un chaleco antibalas.

La respuesta de los policías fue inmediata y la balacera cerrada duró varios minutos. Desde adentro disparaban con escopeta y con otras armas de grueso calibre. También resonaba el zumbido de un sub fusil Uzi.

Parte de los ocho policías que componían el grupo mantuvieron el fuego al frente de la casa y algunos trataron de llegar a la parte de atrás para evitar la posible huída pero se encontraron con muros coronados con alambre de púas.

El Comisario Sebastiagui llamaba desesperadamente por radio a su base para que enviaran a las fuerzas especiales, mientras evaluaba la conveniencia de quedarse en el lugar, ya que en algunas azoteas se estaba viendo movimientos y no demorarían en llegar disparos también. Esa zona no era segura y las condiciones estaban a favor de los pocos delincuentes que allí vivían, mezclados con una mayoría de personas humildes y de trabajo.

Así fue que ordenó a su gente retirarse, no sin antes en una acción muy arriesgada interponer un coche entre la casa y el policía herido – que había recuperado la conciencia y se había arrastrado fuera de la vista de las ventanas- para rápidamente evacuarlo a un centro asistencial.

Desde un lugar más protegido mantuvieron la casa bajo vigilancia y efectivamente recibieron algunos disparos desde otros lados pero estos se detuvieron cuando las sirenas de los refuerzos policiales se hicieron oir. Así que sólo quedaba poder entrar a la casa. Si los atacantes lograban escapar por los fondos, no podrían llevarse el cuerpo. Si es que estaba allí.

Las fuerzas especiales de la Policía Federal lograron dominar la situación e ingresar a la casa, donde solamente encontraron a cuatro perros mastines encerrados en una habitación que tenía una entrada a un sótano. Los delincuentes habían logrado escapar por una conexión interna con una casa vecina que tenía acceso a otra callejuela pero al menos el propietario estaba identificado y la camioneta fletera estaba en el garaje.

Se les hizo muy dificultoso ingresar a esa habitación, ya que hubo que esperar a un veterinario que lograra anestesiar a los furiosos perros mediante el uso de dardos con tranquilizantes, disparados a través de dos pequeños orificios que realizaron con un taladro en la única puerta que permitía la entrada. Uno para meter el cañón del rifle y otro para poder apuntar.

Mientras esto sucedía, el Comisario Sebastiagui y su gente realizaron una inspección de la casa, encontrando armas y drogas, además de documentación del dueño de la casa.

Finalmente en el sótano encontraron el ataúd con el cuerpo de la Hermana María Celia.

XXI

Las novedades que recibieron desde la Villa 15 pusieron a César y Uni en movimiento. Dejaron a la señora Celia al cuidado de las religiosas y partieron en el auto del sacerdote. Una vez en el lugar, César se preocupó de hablar primero con Juan Ramón para tener la visión de los hechos y luego trataron de ubicar al Comisario Sebastiagui, quien les dio la versión policial del tiroteo. Aparte del policía herido levemente no había víctimas que lamentar y habían enviado el cuerpo de la Hermana María Celia a la morgue judicial.

Sebastiagui exigió al sacerdote y al chileno que le dieran la información que poseían pero ellos solamente se mantuvieron en sus dichos respecto a que alguien les había alertado de los movimientos extraños cuando el cura había preguntado a amigos pobladores de la Villa. De todas formas, a esta altura de los acontecimientos, no había mucha diferencia pero el policía se sentía un poco dolido en su profesionalismo.

- ¿Sabe en qué estado estaba el cuerpo de la Hermana? –preguntó el Padre César.

- Al parecer el ataúd no había sido abierto, así que estaría tal como llegó de Chile.

- ¿Y qué objetivo piensa usted que tendrían con este secuestro?

- No se. Solamente se me ocurre que fuera por evitar una nueva autopsia en Argentina. Aunque nunca se sabe con esta gente… ¿qué relación tenía la Hermana con ellos? ¿Usted sabe?

- Ninguna relación. Muy pocas veces ella venía a la Villa, Su trabajo en la Vicaría le quitaba tiempo para eso y sólo trataba a familias pobres cercanas a la residencia de hermanitas donde vivía.

El sacerdote no quería que la policía se involucrara en su propia investigación y de todas maneras no ayudarían a solucionar el caso de María Celia. Ellos estarían conformes con la puesta en evidencia de esa red de narcos.

- Inspector Karapu, creo que deberíamos conversar para poner a punto este caso –le dijo Sebastiagui.

- Si. Deberíamos enfocarnos en el origen de la toxina. ¿ha recibido alguna información al respecto? – contestó Uni, sabiendo que el argentino no tenía nada y no podría ayudarlo más en eso.

- Lamentablemente nada. Estamos a la espera de los datos del laboratorio productor del medicamento. Si te parece, dejame instruir este lío de los narcos que apareció aquí y mañana hablaremos, si pasás por la oficina. ¿está bien?

- Perfecto.- dijo Uni, feliz de que el policía no quisiera meterse más en el caso María Celia. Estaría ocupado con su nuevo caso de los narcos.

Uni y César se despidieron de Sebastiagui y volvieron a la Parroquia, donde le dieron a la señora Celia la buena noticia de la aparición del cadáver de su hija. Ella estaba todavía un poco adormecida por los somníferos, lo que ayudó a que lo asumiera en forma más tranquila.

- Ahora tenemos que enfocarnos en lo que sabemos – dijo uni, tratando de encauzar su investigación- la muerte de la hermanita ha perturbado a mucha gente. Más de lo que hubiese esperado.

- De alguna manera María Celia debería estar vinculada a algo extraño. No creo que estuviese confabulada con el Obispo. Ella no.

- Tendremos que investigarlo, Padre. Es claro que debe haber alguna conexión. De pronto tus contactos en la Villa saben algo. Vamos a saber más sobre esos tipos que robaron el cadáver. Allí debe estar la pista.

- Indudablemente. En la tarde voy a ir a hablar con Juan Ramón. Ellos estarán enterados de todo y Sebastiagui ya no va a andar por ahí.

- ¿Y tú crees que tendrá algo que ver con tu investigación del Obispo?

- Es posible. La relación con ese diputado corrupto es muy extraña. Nada bueno debe haber allí. Por más que hayan sido compañeros en el Seminario.

- Hoy voy a ver a Anabel de nuevo, si quieres trato de indagar algo más.

- ¿Otra vez? No quiero ser indiscreto pero me parece que se están viendo muy seguido…

- Si. Realmente me cae bien esa niña. Fuimos a cenar a un restaurante muy lindo en Puerto Madero. Conversamos mucho y pasamos muy lindo – confesó Uni, ocultando la noche de pasión con la peliroja.

- ¿Pero no pudiste indagar nada del caso…?

- Conversamos de muchas cosas. Quiero ir tratando que confíe en mí.

- Mmmm…si. Que confíe – dijo el sacerdote con una sonrisa- Mirá, si te gusta la chica, me parece bien que pasen buenos momentos. Pero deberías tomar en cuenta que ella está en el entorno del Obispo y podría estar involucrada.

- ¿En la muerte de María Celia? Imposible. Ella la adoraba. Eran las mejores amigas y está destruída con su muerte. No creo. Por eso puede tener alguna información interesante. Sigo pensando en esa doctora que la atendió antes de irse y que probablemente le recetó los somníferos. ¿Has podido saber algo más de la sociedad médica?

- No. Nada. Con todos estos lìos se nos ha olvidado seguir ese tema. De todas formas, hasta el lunes no trabajan los administrativos.

- Entonces enfoquémosnos en esos temas. Conocer sobre los secuestradores y seguir la pista del medicamento.

XXII

Esa madrugada del viernes 16 de marzo de 2012 cuando Anabel ingresó sola en su casa, pensó que finalmente era feliz. Su sensación era real, sentía esa alegría que sólo se podía sentir cuando se está enamorada, o eso era lo que creía. Pero en ese momento no lo analizaba, sólo lo disfrutaba. Los ruidos externos se amortiguaban, los olores habituales de la casa se hacían especiales y su cerebro escuchaba solamente la voz de él. Uni había sido muy caballero. La acompañó hasta su departamento y en el mismo taxi había seguido camino a su hotel. Es cierto que habían pasado la noche juntos pero que la hubiera acompañado en lugar de despedirse en el hotel, para ella era una muestra de caballerosidad. Su sensación de ser feliz estaba poco acostumbrada a aparecer y la hacía sentir plena como nunca antes había sucedido.

La vida no le había sido fácil. En sus treinta y ocho años, recién había comenzado a vivir libremente una vez que muriera su madre. Y eso había ocurrido apenas hacía catorce meses. No es que antes no tuviese ninguna relación pero estaban muy acotadas y solamente eran amistosas. En realidad, solamente había estado íntimamente con hombres luego de que muriera su padre.

Se le ocurrió pensar que sus momentos buenos estaban muy ligados a la muerte de seres cercanos.

Su infancia, adolescencia y juventud había sido marcada por un padre muy autoritario y las más de las veces violento. Aunque eso si, muy católico. Devoto al máximo. Era uno de los pilares de la comunidad religiosa de su Parroquia. Su trabajo en las fuerzas de seguridad del gobierno no interferían con sus asistencias diarias a rezar a la iglesia y ni qué hablar de las misas de domingos y otras fechas destacadas.

Anabel recordó en ese momento que cuando tenía unos quince años había preguntado a su padre, con tono de exigencia, en qué consistía su trabajo. El recuerdo de la paliza que le dio le hacía doler el cuerpo aún. Nunca más quiso saber qué hacía su padre cuando no estaba en la casa. Había bloqueado ese interés en forma consciente e inconsciente. También recordaba el olor a colonia para después de afeitar que usaba su padre. Fuerte, penetrante, insoportable, sentido cuando se despedía de ella antes de ir a trabajar.

Cuando él, ya jubilado, murió de un infarto cerebral en el año 2004 no había llegado ninguna corona de su antigüo trabajo, aunque sí asistieron algunos ex compañeros. Dos habían llegado en coches del ejército, aunque vestidos con traje de civil. Anabel había seguido resistiendo intentar saber algo sobre el trabajo de su padre y su madre nunca le habló de ello, aunque recibía una jugosa pensión mensualmente.

Él la había obligado a estudiar Secretariado, aunque ella hubiese preferido ser médico. Pero él entendía que esa no era una profesión para una mujer decente.

Su juventud había sido muy dura. Sin bailes, sin conocer chicos y prácticamente su vida trascendía entre la casa, la iglesia y las clases. Cuando se licenció como Secretaria Ejecutiva Bilingüe, su padre habló con su amigo el Obispo Mantoveni para que la tuviera en cuenta para un empleo. Los primeros seis años trabajó en las oficinas de atención a los fieles, repartiendo ropas, recibiendo y ordenando donaciones. Las condiciones de trabajo eran muy feas. Nada interesante para una secretaria ejecutiva bilingüe. Luego el Obispo la había llamado para que participara de su Secretaría cuando una de sus secretarias había renunciado. De eso hacía cuatro años.

Uni había aparecido en su vida en forma milagrosa. Cuando lo vio por primera vez, le había dado la impresión de un oso, fuerte, tosco y bruto. Cuando lo conoció, su impresión cambió totalmente. Era una persona espiritual, dulce y además excelente amante. O al menos ella había disfrutado cada segundo junto a él. Se sentía muy afortunada de haberlo encontrado.

El hecho de que fuese policía no le perturbaba. Sí la molestaba sentirse en cierta forma objeto de investigación. Las preguntas con respecto a María Celia eran insistentes. Pero por otro lado eso era lógico. Ella también quería que se descubriera al asesino.

La situación era muy extraña. Su amiga había muerto por ingestión de una toxina que estaba en un medicamento que la Dra. Panencio le había recetado. Uni le había preguntado por la doctora pero ella no le había dicho que el contacto había sido suyo. Alba era la médica personal del Obispo y Anabel había logrado con ella una linda relación amistosa. Hablaban mucho de cuestiones de medicina, la gran frustración de Anabel. Había ido muchas veces al hospital y hasta recorrido las salas con pacientes en su compañía. Definitivamente Alba era considerada una amiga y no quiso involucrarla en la investigación de Uni. Pero debería hablar con ella.

Se durmió recordando la velada pasada con Uni y aún sintiendo su olor en el cuerpo. Feliz.

Al despertarse a las siete de la mañana como todos los días, se sintió muy cansada. No estaba acostumbrada a dormir solamente tres horas. Pero la noche con Uni bien lo había valido. Para empeorar las cosas, ese día debería encargarse de todos los detalles finales de la cena especial que tendría el Obispo en la Vicaría. Le molestaba un poco no saber con quién se reuniría, aunque en definitiva eso no interfería en su trabajo, que sería hecho con eficiencia como siempre.

Un día duro. Uno más. Pero se daría tiempo para llamar a Alba y concretar una cita para tomar un café durante el fin de semana.

También quería "más Uni". ¡Y al fin era viernes!

Con una sonrisa entró a la ducha.

XXIII

Cuando César lo llamó aquel día al hotel en Buenos Aires para decirle que había obtenido la información del laboratorio él había salido corriendo a la Parroquia.

La investigación se había empantanado en los últimos días. Luego de la aparición del cadáver de María Celia no habían adelantado casi nada. Los delincuentes de la casa donde apareció el cuerpo no habían dicho nada y al parecer la policía no había querido dedicarse mucho al asunto. La pista de la toxina estaba perdida en la burocracia protectora de la empresa fabricante del medicamento. Probablemente también estuviera obrando una decisión de no informar.

- ¿Qué pasó César? ¡Dime ya! – le espetó Uni ni bien entró como una tromba en el despacho del cura- Hace casi una semana que estamos quietos.

- Buenas tardes, primero, ¿no?- dijo el cura con la sonrisa de quien tiene un secreto y quiere hacer sufrir al otro un poco más antes de develarlo.

- No te hagas el gracioso. Uni estaba realmente ansioso.

Luego de sonreir otro poco y hacer una teatral pausa, el cura dijo:

- Bien. Finalmente la chica de la Clínica me dio la pista de quién recetó el medicamento.

- Pensé que era del laboratorio productor del medicamento.

- Si, también.

Uni se sentó lentamente en la silla frente al escritorio del cura y muy pausadamente dijo:

- Está bien. Pacientemente espero tu historia. Me dejo imbuir por la paz y espero- dijo al tiempo que cruzaba la pierna con gesto de templanza infinita.

- Del sanatorio confirmaron que el medicamento fue retirado personalmente de la farmacia de la institución por María Celia. La receta estaba firmada por la doctora Dalia Gómez.

- ¿No por Alba Panencio?

- No. Dalia Gómez.

- Hubiera apostado que Panencio le había recetado los hipnóticos.

- No. La receta estaba firmada por la doctora Gómez. Atiende la policlínica de medicina interna en la Asociación Médica Círculo Católico. Al parecer, como Panencio no atiende pacientes, le pidió a ella que hiciera la prescripción.

- Pero... ¿y de dónde salió la toxina? Eso es lo que nos interesa.

- Ahí es donde entra la información que conseguí del laboratorio. La partida de la que terminó una caja en manos de María Celia fue producida una semana antes de eso. Por el sistema de distribución que tiene el laboratorio, los centros asistenciales reciben antes los medicamentos que las farmacias comunes y la Asociación Médica Círculo Católico es de las primeras.

- Si pero ¿cómo pusieron la toxina en un solo comprimido? Eso es lo que no entiendo. Y Además, ¿quién lo hizo?

- Si tuviese que arriesgar un nombre diría que fue Panencio.

- Pero no podemos saberlo. Y si María Celia retiró ella misma el medicamento de la farmacia del sanatorio, ¿cómo se hizo Panencio del medicamento para intoxicarlo?

- Al parecer luego de que María Celia retiró la caja vio nuevamente a Panencio según la secretaria. Seguramente ella le había dicho que volviese para verificar lo que le habían entregado y aprovechó a introducir la toxina de alguna forma. No existe ninguna otra posibilidad. Ninguna.

- ¿De qué forma? Los *blisters* están sellados.

- Debe haber utilizado una aguja muy fina para colocar la toxina en forma de gota en el comprimido. La parte por donde se saca la pastilla no la encontraste en la habitación del hostal, así que no podremos saber nunca si estaba perforada.

- Ni tampoco si fue ella la que la mató.

- Tampoco.

- Eso es frustrante.

- De acuerdo. Pero lo más interesante es que descubrí además que Panencio es la amante del Obispo.

- ¡¿Cómo?! -La expresión en la redonda y gran cara de Uni fue de la más gigante sorpresa.
- Si. El aspirante a Cardenal tiene un departamento en pleno centro donde se encuentra con la doctora desde hace al menos tres años. Esa información la venía manejando sin confirmar hace cierto tiempo y hace unos días se verificó por parte de alguien de mi equipo.
- No sé si asustarme más de la noticia o de ti, padre. Funcionas como la mejor agencia policial. ¿Y qué vamos a hacer?
- Nada.
- ¡¿Cómo que nada?! Esto no puede quedar así nomás.
- Oficialmente no podemos hacer nada. No se puede denunciar en la policía porque no existe ninguna prueba a pesar de que estamos absolutamente seguros de cómo sucedieron las cosas. Pero internamente es mucho lo que se puede hacer. Mi superior jesuita es el Arzobispo de Buenos Aires y él va a gestionar que se tomen las medidas necesarias para que Mantoveni no pueda hacer más daño a la iglesia. La muerte de María Celia no va a quedar impune, de eso podés estar seguro. La justicia de la Iglesia es mucho más eficaz que la ordinaria. Te lo puedo asegurar.
- No salgo del asombro. Y cada vez me asustas más –había dicho Uni.

Mientras este diálogo sucedía, en la Vicaría Anabel intentaba comunicarse con su amiga la doctora Alba Panencio. Los reiterados intentos al número de celular no dieron resultados. Probó varias veces con el número de su casa pero nunca atendió. Luego intentó llamar a su trabajo pero le comunicaron que no estaba trabajando en ese horario. Finalmente, ese día no pudo hablar con ella y en los siguientes la vorágine de sorpresivos acontecimientos que sacudieron al Obispo y la Vicaría, le impidieron hacerlo. Por otro lado, Alba parecía haber desaparecido del mundo, ya que tampoco se había comunicado.

XXIV

El Padre César le había asegurado que Dios siempre termina solucionando las cosas y ese recuerdo le llegó a Uni mientras trataba de fotografiar una flor que había detectado. Bajaba unos metros por la ladera interna del volcán Rano Kau para llegar yrecordó cómo había presenciado el momento en que el propio Padre César fue el encargado de comunicarle al Obispo Mantoveni la desición del Cardenal Bergoglio de enviarlo en misión sacerdotal a Burkina Faso, donde podría llevar consuelo y la palabra de Dios a los fieles del país más pobre de Africa.

César había insistido en que Uni lo acompañara a dar la noticia que implicaría inevitablemente perder la comodidad cotidiana y un serio descenso en la ampulosa forma de vida del prelado. El jesuita quería que el Obispo sintiera que no se debe tratar a nadie con desdén o soberbia porque siempre es posible que las circunstancias cambien.

El traslado de Mantoveni a Burkina Faso se hizo en el tiempo mínimo de acuerdo a las órdenes del Cardenal y sin que tuviese mayores repercusiones mediáticas.

La investigación llevada a cabo en las oficinas del obispado por el Padre César y Uni, demostraron que María Celia estaba en conocimiento de las actividades del prelado, a juzgar por algunos documentos que guardaba en un cajón de su escritorio cerrado con llave. No quedó en claro si en algún momento había hablado con Mantoveni sobre eso pero la decisión y el castigo del Cardenal -que fue el único que habló con el Obispo sobre el tema- no dejaba dudas de su culpabilidad a ojos de los investigadores.

Casi un año después, Uni estaba en su Isla de Pascua y con su nuevo cargo de Jefe Regional de la Policía de Investigaciones, cuando el 13 de marzo de 2013 sucedieron varios acontecimientos simultáneos. En el Vaticano, en la quinta votación efectuada durante el segundo día de cónclave, era elegido el Cardenal argentino Jorge Mario Vergoglio como el ducentésimo sexuagésimo sexto Sumo Pontífice al mando espiritual y administrativo de la Iglesia Católica, habiendo elegido el nombre de Francisco I. Además de ser el primer americano era el primer Papa jesuita en la historia.

El mismo día, en Buenos Aires se ponía al descubierto una vasta red de corrupción. A pesar de no tener mucha repercusión en los medios informativos, Uni supo por la llamada desde Roma del Padre César, que el Diputado Cortelazzi había sido detenido en momentos en que estaba reunido con el empresario Francisco Casales en su oficina de Puerto Madero y preparaban varias maletas llenas de Dólares estadounidenses que serían transportadas de contrabando a distintos paraísos fiscales. También habían aparecido varias notas del Obispo Mantoveni invitando a Casales a sendas cenas en el Obispado pero como ya estaba en Burkina Faso y las pruebas no eran concluyentes, no sería citado a declarar.

En la misma comunicación se enteró que la doctora Panencio había decidido suicidarse antes que la detuviera la policía. Ella había quedado a cargo de algunos de los negociados de su amante eclesiástico y había seguido vinculada a Casales en la gestión de varias policlínicas barriales honorarias que eran utilizadas para blanqueado de dinero.

Recordando esos acontecimientos mientras bajaba por la boca del volcán, Uni se dio cuenta que no iba a poder llegar muy cerca de la flor y decidió tomar la fotografía con ayuda del *zoom* de su cámara.

Emprendió luego la difícil subida y al llegar al borde superior se encontró con su esposa Anabel que a pesar de los siete meses de embarazo había caminado cinco cuadras desde su casa para ir a su encuentro.

Uni disfrutó de la visión de su esposa. Se veía hermosa con su voluminoso vientre que contenía a su hijo, un varón según le había dicho su amigo el Dr. Petres, quien se había enamorado de Beatriz y estaba instalado en la Isla atendiendo la sala de urgencias del hospital.

El largo cabello de Anabel era agitado por la brisa al borde del volcán apagado y su vestido rapanuí ondulaba con gracia, mientras la sonrisa perfecta saludaba a Uni.

Lo único que le dijo antes de comenzar a caminar abrazados hacia su casa, fue:

- Te amo. Soy muy feliz.

GLOSARIO DE EXPRESIONES Y TÉRMINOS RAPANUÍ:

ARIKI: Rey antiguo.

CORO: sabio rapanuí.

EL CONTI: expresión con la que muchos rapanuí se refieren al continente o a Chile propiamente dicho.

HAMI: taparrabos de mahute y plumas.

HANGA ROA: la única población de la Isla de Pascua, capital de la misma.Su nombre significa “Bahía Larga”.

HANGA TUAI: Unión ancestral en la que los novios se transforman a la usanza ancestral, con los trajes de plumas y mahute y rostro y cuerpo adornados, pintados con kiea.

HUMU TAHU: comida cuya preparación se realiza en un hoyo profundo en la tierra, en el que se calientan piedras volcánicas especiales. Consiste en cocinar un gallo blanco y tubérculos endémicos de Rapa Nui, los que se cocinan con el calor de las piedras que son tapadas con hojas de plátano y tierra. Tradicionalmente esta comida se realiza cada vez que se inicia algo, como un matrimonio, un nacimiento o la compra de un bien material, como forma de rogar la bendición de los ancestros y los espíritus. También se llama así a la ceremonia inicial del Tapati Rapanuí, semana de celebraciones que se realiza en los primeros quince días de febrero de cada año.

IORANA: saludo. Buenos días/tarde/noche. Hola. Adiós.

HAMI: taparrabos fabricado con mahute que compone hoy la vestimenta ceremonial de los rapanuí.

HOKO: danzas guerreras.

KIEA: tierra vegetal arcillosa que se presenta en diferentes colores, negro, morado, rojo, blanco y amarillo en algunos acantilados de la isla.

MAHUTE: corteza de un árbol local trabajado con humedad y golpes hasta que adquiere la textura del papiro.

MATE KI TE RANGI: “los ojos que miran al cielo”

MOAI: grandes estatuas de piedra que representan a los ancestros que cuidaban las aldeas, hacia las que miraban.

´ORI: danza, bailar, baile.

RANO KAU: Uno de los tres picos volcánicos de la Isla de Pascua ubicado en la zona suroeste, cercano al poblado Hanga Roa.

RAPA NUÍ: Uno de los nombres tradicionales de la Isla de Pascua. También se denominan así a sus habitantes y a su idioma, aunque en ese caso se escribe rapanuí.

TE PITO o TE HENUA: Ombligo de la Tierra.

TINCAR: Chilenismo. Uno dice que le tinca algo cuando le apetece algún plan. Se usa también como intuir algo.

TIN TIN MAHUTE: tarea de lograr el mahute mediante el procedimiento de golpear la corteza húmeda.

VARÚAS: espíritus de los ancestros.

Printed by Books on Demand GmbH, Norderstedt / Germany